파워 셀러

POWER SELLER SECRET NOTE

시크릿 노트

퇴근 후 취미로 시작해 월 1억 매출 달성 비법

파워 셀러

POWER SELLER SECRET NOTE

시크릿 노트

샤론델Charrondel 김회연 지음

체인지업
CHANGEUP

처음, 스마트스토어의 길을 걸어가려는 분들에게…

스마트스토어에 발을 들여놓은 지 어느덧 3년 정도가 되어 갑니다. 초등학생 때부터 액세서리 만들기를 좋아했던 꼬마가 사춘기와 대학 시절을 지나, 성인이 되어 프리랜서 아나운서, 대기업 직장인을 거쳐 1인 사업을 시작하기까지의 지난한 과정이 불현듯 뇌리를 스쳐 지나갑니다. 처음에는 '네가 만든 거 정말 예쁘다, 한번 팔아보지 그래?'라는 주변의 부추김에 아무것도 모르고 시작했던 사업 초창기의 시절이 있었는가 하면, 매출은 거의 오르지 않아도 별 신경 쓰지 않고 생산에만 몰두했던 시절, 그리고 갑자기 30~40만 원 하던 매출이 2~3천만 원으로 올라 너무나 당황했던 시절도 있었습니다. 심지어 일에 너무 몰입한 나머지 번아웃에 이르기도 했었죠.

이런 과정을 거치며 현재는 두 명의 정직원, 그리고 아르바이트생들과 함께 어느 정도 안정적인 매출을 올리고 있는 나 자신의 모습을 보면 스스로 대견해지기도 합니다. 그래도 이제는 누군가에게 '사업을 하고 있다'라고 말해도 그다지 부끄러울 정도는 아닌 것 같습니다.

제가 이 책을 쓰게 된 계기는 적지 않은 기회에 강연자로 초청받으면서 '이런 이야기를 차라리 한 권의 책으로 엮으면 초보자들에게 더 도움이 되지 않을까?' 하는 생각 때문이었습니다. 매번 반복하지 않고 책 한 권만 읽으면 되기 때문입니다. 그런데 또 강연과 책은 엄연히 다른 정보 전달 방식이고, 책이 보다 많은 지식을 좀 더 체계적으로 전달할 수 있다는 생각이 들면서 작업에 더 박차를 가했습니다.

물론, 제가 대단한 '사업가'라거나 혹은 '경영자'라고 말하기는 힘듭니다. 하지만 정말 제가 그 정도가 되었다면, 사실이 책을 쓸 필요도 없었을 것이라고 봅니다. 이미 회사의 규모나 매출, 그리고 제품과 시장을 바라보는 눈높이 자체가 이제 막 스마트스토어를 시작하는 초보자와는 너무나 달라져 있었을 것이기 때문입니다. 초보자에게 가장 필요한 것은 대단한 비밀이나 엄청난 업계의 노하우가 아닌, 이제 막 그 초보자 딱지를 뗀 사람의 이야기가 아닐까 싶습니다. 그래야 감정적인 소통도 잘 되고, 소소하게 도움이 되는 팁들도 많이 드릴 수 있지 않을까요.

자신을 되돌아봐야 하는 이유

저 역시 처음에는 스마트스토어를 취미이자 단순한 부업으로 시작했습니다. 어릴 때부터 만들기를 좋아했기 때문에 취미임에 틀림없었고, 대기업에 다니긴 했지만 아무래도 월급쟁이다 보니 부업으로 '한 달에 30~40만 원만 고정으로 벌 수 있으면 정말 좋겠다'라는 소박한 심정이었습니다. 그래서 출발선상에서는 큰 부담도 없었고, 오히려 꾸준하게 할 수 있는 힘이 생겼다고 볼 수 있습니다.

물론 이 책에는 제가 경험했던 다양한 사례들이 촘촘히 담겨 있습니다. 초기 진입 단계부터 마케팅, 직원 관리, 매출이 뛰었을 때의 대처법, 별점과 댓글 등 아마도 궁금해하시는 많은 내용이 담겨 있을 것이라고 봅니다. 그런데 이러한 것들은 모두 테크니컬한 것이며, 누구나 따라 할 수 있고 또 스스로 더 발전시켜 나갈 수 있습니다. 그래서 저는 처음 시작하는 분들에게 이런 부분을 꼭 부탁하고 싶습니다.

"스마트스토어를 하기 전에 우선 자기 자신을 돌아보라."

좀 뜬금없는 말일 수도 있다고 봅니다. 철학책도 아닌데 '자기 자신을 되돌아보라니'. 사실 저도 이런 말을 할 수 있기까지 꽤 오랜 시간이 걸렸습니다. 제가 이런 부탁을 드릴 수 있는 것은 사업을 하는 과정에서 '과연 어떤 사람이 스마트스토어에 적절한지, 누가 과연 이 사업을 성공시킬 수 있는지'에 대한 고민을 많이 했기 때문입니다. 사업의 시작은 쉬워 보여도 그 과정은 결코 쉽지 않은 것이 온라인 사업이기도 합니다. 그저 처음에는 단순히 '좋은 물건을 준비하고, 열심히 마케팅하면 팔리지 않을까?'라고 생각할 것입니다. 저 역시 그랬으니까 말이죠. 하지만 지금 다시 생각해 보면 '스마트스토어는 선택받은 사람만이 할 수 있다'라는 결론입니다. 물론 여기서의 '선택'이라는 것이 뛰어난 능력을 가지고 있다거나, 혹은 태어날 때부터 그런 사람이 이미 정해져 있다는 의미는 아닙니다.

제가 생각하는 '선택'의 조건은 일에 대한 감각, 멈추지 않는 성실성, 길을 찾기 힘든 혼란함 속에서도 포기하지 않는 끈질김, 그리고 무엇보다도 자신이 판매하는 아이템에 대한 애정입니다. 제가 다른 부분은 이 책을 통해 알려드릴 수 있어도, 이런 덕목에 대해서는 결국 스스로 노력하고 성취할 수밖에 없습니다.

만약 자신을 되돌아보았을 때 이러한 능력이 이미 있거나, 혹은 앞으로라도 이런 능력을 기를 수 있는 충분한 자신감이 있다면, 이 책을 읽는 독자 여러분은 스마트스토어 사업자로서 '선택받은 사람'이라고 감히 말할 수 있을 것입니다.

오늘이 있기까지 제 옆에서 왼팔과 오른팔이 되어 준 예지와 윤정이에게 진심으로 고맙다는 말을 전하고 싶습니다. 언제나 저를 사랑해 주신 어머님과 사업적으로도 도움이 되는 말씀을 많이 해주신 아버님께도 감사의 말씀을 전합니다. 또한 사업 초창기 남동생 태훈이의 도움이 없었다면 아마도 지금의 샤론델 자체가 존재하기 힘들었다는 점에서 앞으로도 든든한 동생으로 남아주었으면 하는 바람입니다. 저와 직원들이 고생하며 이삭을 줍듯 모은 노하우들이 담긴 이 책을 통해 더 많은 청년들이 스마트스토어라는 새로운 사업의 기회에서 자신만의 희망을 붙들고 미래를 개척해 나갈 수 있기를 기대합니다.

샤론델 김회연

목차

Chapter 1
'안정'보다 '도전'으로 얻는 것

Chapter 2
누구나 할 수 있는 스마트스토어

Chapter 3
특화 생존, 성공 키워드

Chapter 4
'멀지 않은 행복'을 만날 오늘의 나를 위해

Chapter 1

'안정'보다
'도전'으로 얻는 것

사람은 누구나 불안보다 안정을 원하고, 애매함보다 확실한 사회적 포지셔닝을 원한다. 부모님이 그렇게 말씀해 왔고, 선배들도 그 길로 갔으며, 동료들도 늘 그 길을 좇는다. 그래서 누군가에게 자신이 하고자 하는 '도전'이라는 새로운 소식을 알리면, 한편으로는 축하해 주지만, 또 한편으로는 걱정스러운 눈초리를 보내곤 한다. 이처럼 도전이란 애초부터 불안과 애매한 환경에 스스로를 내던지는 일이다. 그러나 도전이 없다면, 지금 주어진 환경에서 정해진 길로만 갈 수 있을 뿐이다. 하지만 그 길이 안정적이라고 누가 확신할 수 있을까? 지금 확실한 사회적 포지셔닝에 있다고 해서 그것이 언제까지 갈 수 있다고 누가 장담할 수 있을까?

내가 '샤론델'을 시작하지 않았다면, 아마 오늘도 칼퇴근 후 소파나 침대에서 뒹굴고 있을지도 모를 일이다. 대기업은 안정적이고 확실한 사회적 포지셔닝일지 몰라도, 사실 나는 그렇게 느끼지 못했다. 그래서 아버지의 사업을 돕는다며 과감히 퇴사했고, 그것이 계기가 되어 샤론델에 대한 올인과 발전으로 이어졌다. '안정'을 포기하면 대체로 '불안정'이 온다고 생각하지만 사실 그 안정이 사라진 곳에서 새로운 도전이 시작되고, 오히려 자신 스스로의 힘으로 더 '확실한 안정'을 만들어 나갈 수 있는 원동력이 될 것이다.

○
○

내가 사업이 싫었고
천성에도 맞지 않았던 이유

나 역시 그랬지만, 주변에서 사업을 하거나 혹은 사업을 할지 말지를 고민하는 친구들이 생각하는 중요한 의문 하나가 있다. 그것은 '과연 내가 사업을 할 체질인가?'라는 것이다. 사업을 해보지 않은 사람도 '사업은 무척 힘들다'라는 이야기를 종종 들었을 것이다. 그러다 보니 과연 자신이 사업을 하는 데 있어 체질적으로 맞는지, 혹은 천성적으로 적합한지를 고민하기도 한다. 일단 이 부분에 있어서 나는 어렸을 때부터 사업에 대해 매우 부정적인 생각을 가지고 있었고, 체질이나 천성에도 맞지 않았다.

사업가라면 배포도 크고, 남들 앞에서도 당당하게 이야기하고, 설득하는 데에도 능숙해야 한다. 하지만 그런 면이라면 나는 처음부터 낙제생이었다. 그래서 늘 회사에 다니며 매월 급여를 받는 '안정적인 삶'을 꿈꾸었고, 프리랜서 아나운서 생활을 거치며 더욱 그러한 희망이 강해졌다. 하지만 되돌아보면 그 '안정적인 삶'이란 것이 겉으로는 평온해 보일지 모르지만, 자기 발전이 없는 오히려 '불안한 삶'이라는 사실을 깨달았다. 바쁘고 힘들고, 늘 고민에 휩싸여 불안해 보이는 사장이라는 직업이 오히려 나를 단련시키고, 당당하게 만들고 있음을 알게 됐다. 이러한 나의 경험이 모두에게 적용될 리는 없지만, 애초부터 사업에 부정적이고 소심했던 사람이라면 한번 귀담아들을 필요가 있다.

'안정적인 삶'을 찾아서

나는 대학에 입학하기 전까지의 19년 중 거의 8년 정도를 해외에서 살았다. 미국, 중국, 호주 등을 거치면서 '글로벌'하게 학창 시절을 경험할 수 있었다. 어릴 때부터 여러 나라에서 학교를 다니다 보니, 어떤 분들은 "아버님이 외교관이시냐?"라고 묻기도 한다. 하지만 아버님은 그저 평범한 사업가셨다. 주로 일본에서 사업 아이템을 발굴해 해외에 판매하거나, 국내에서 제조해 수출하셨다. 그러다 보니 해외 경험이 무척 많으셨고 어렸을 때부터 내가 해외에서 공부하는 것에 대해 지나치게 긍정적이셨다.

특히 중국은 내가 중학교 1학년 때 가게 됐는데, 당시만 해도 지금처럼 중국 음식이나 문화가 국내에는 잘 알려지지 않았을 때였다. 더욱이 그때는 대부분 유학을 가면 영어권 나라로 가던 때였지만, 아버님의 선견지명 덕분에(?) 낯설어도 너무 낯선 나라로 가게 됐다. 어떤 이들이 볼 때는 나의 이러한 경험이 행운이라고 생각할지도 모르겠지만, 정작 나에게는 어린 나이부터 아버지와 떨어져 지내야 하는 힘든 기간이었고, 또 결정적으로 사업이라는 것에 매우 부정적인 생각을 갖게 된 계기가 되었다. 사업이 잘되면 집안 분위기가 좋았지만, 사업이 잘 안되면 분위기가 무거웠던 기억이 남아 있다.

그때 처음으로 사업이란 업 앤 다운이 지나치게 심하다는 사실을 깨닫고 거부감이 생겼다. 게다가 지금도 잊히지 않는 장면은, 중국에서 생활할 때 한 달에 한 번 아버지가 집을 찾아오셨을 때였다. 반가운 미소에 아버지의 품에 와락 안겼지만, '왜 이렇게 나를 자주 만나러 오지 않나요'라는 서운함도 동시에 차올랐다. 어린 시절의 나는 이 모든 문제의 원인이 '사업' 때문이라고 생각했고, 그럴 때마다 '사업은 자신과 가족을 힘들게 하는 것'이라고 정의를 내려버렸다.

대학을 졸업한 뒤 시작한 프리랜서 아나운서 일은 처음에는 무척 재미있었지만, 시간이 흐르면서 다시 어린 시절의 기억을 되살아나게 했다. 아버지의 사업이 불안했던 것처럼, 프리랜서 아나운서의 삶도 만만치 않게 불안하다는 느낌이 들면서 다시 한번 '안정적인 삶'을 살고 싶은 생각이 강해졌다.

하지만 아나운서를 선택했던 것은 그럴 만한 충분한 이유가 있었다. 남들 앞에 서는 것을 너무 두려워했고, 잘 극복되지도 않았다. 대학 수업에서 PT 발표를 하는 날이 결정되면 며칠 전부터 가슴이 두근거렸고, 시간이 다가올수록 벌벌 떠는 것을 넘어 눈물이 날 정도였다. 평소에 얼굴을 아는 동기들 앞에서도 이 정도였으니 어떻게 보면 아나운서라는 직업은 나에게 전혀 맞지 않는 옷이기도 했다. 그러나 일종의 오기라고 할까? 오히려 나를 극복해 보겠다는 생각에 늘 남들 앞에 서야 하는 아나운서를 첫 번째 직업으로 선택했다. 그러나 오기만으로 모든 일이 순조로울 수는 없었다. 힘들 때마다, 또는 감당하기 어려운 일이 있을 때마다 약을 먹어가면서 일을 하기도 했다. 남들이 볼 때는 주어진 일을 훌륭하게 소화하긴 하지만, 막상 카메라가 꺼지면 더 할 수 없이 내성적인 사람. 그게 바로 나의 모습이었다.

'불안'과 '안정'의 기준은?

문제는 바로 프리랜서나 계약직의 형태로 일을 하다 보니 수입도 들쑥날쑥하고 내가 꿈꾸었던 '안정적인 삶'이 아니었다. 더욱이 어느 분야든 경력이 쌓이면 그 부분을 인정해 주는 것이 있는데, 아나운서는 경력이라고 해도 크게 인정해 주는 것이 별로 없었다. 지금 현재는 또 어떻게 변했는지 알 수 없지만, 내가 아나운서로 일했던 시절을 떠올려 보면 케이블 TV

는 계약직도 아닌 '건 바이 건'으로 그때그때 일을 하고 일당을 받는 식이었다. 그러다가 담당자가 '내일부터는 안 나오셔도 돼요'라고 하면 그 일은 그대로 끝나고 만다. 누군가의 한 마디에 좌지우지되는 생활. '아, 이건 내가 꿈꾸는 안정적인 삶이 아닌데…'라는 생각이 들었다.

물론 나중에는 프리랜서의 삶이 어떻게 사업에 도움이 되었는지를 깨닫기는 했지만, 당시만 해도 어린 시절부터 아버지와 떨어져서 생활해야만 했던 불안한 삶이 나의 사회생활에까지 영향을 미치자 하루라도 빨리 삶의 행로를 바꿔야겠다는 생각이 절실하게 들기 시작했다. 그래서 '대기업 정규직이 되면 안정적인 삶을 살 수 있지 않을까' 하는 생각에 입사를 준비했고, 결국 롯데제과의 영업사원으로 입사할 수 있었다. 하지만 대기업 정규직 사원이 되었다고 해서 완전히 안정적인 삶을 살 수 있었던 건 아니다. 처음에는 일이 재미있었고, 성과를 내고 인정받는 것도 흥미진진했다. 하지만 시간이 흐르면서 그때부터 또 다른 불안이 다가왔다. 월급이 안정적으로 나온다고 해도 어느 순간부터 퇴근 후 집에서 소파와 침대에만 누워 있는 나 자신을 발견한 것이다. 여유로운 시간은 많았지만, 딱히 할 일은 별로 없었다. 그때부터 또 다른 불안이 밀어닥쳤다.

'그냥 이렇게 사는 게 맞는 건가…'

오늘 하루 만족스러운 일상을 보낸 뒤에 막연하게 찾아오는 내일에 대한 두려움이었을까? 직장이 내 인생의 전부가 될 수 없다는 사실을 머리로는 알고 있었지만, 마치 나는 직장인의 삶이 영원할 것 같은 생활을 하고 있었다.

그때 나는 깨달았다. '안정적인 수입'이 곧 '안정적인 삶'의 잣대가 될 수 없다는 사실을. 그리고 내가 그동안 보아왔던 수많은 선배들의 모습처럼 나 역시 언젠가는 결혼하고, 퇴사하고, 또 다른 삶의 행보를 이어간다는 사실을 떠올리자 이대로 있어서는 안 되겠다는 결심을 하게 됐다.

되돌아보면 나는 안정적인 삶과 불안한 삶의 기준을 '매달 통장에 들어오는 일정한 돈'에 두었던 것 같다. 어쩌면 아직도 많은 사람이 이런 생각을 하고 있을 것이다. 하지만 불안했던 프리랜서 생활과 그에 비하면 훨씬 안정적인 대기업 직장생활을 모두 해본 나로서는 오히려 진짜 안정적인 삶이란, '나의 성장'이 뒷받침되어야 한다는 사실을 깨달았다. 그렇게 원했던 대기업에 다닐 때 안정적인 월급을 받았음에도 불구하고 또다시 불안감이 밀려왔던 것은 더 이상의 발전과 성장이 멈춰버릴지도 모른다는 걱정 때문이었다.

중학교 시절, 사춘기의 눈으로 볼 때 부침이 심한 사업을 하는 아버지의 모습을 보면서 거부감이 생겼을지 모르지만, 어쩌면 아버지는 그 시기에도 끊임없이 사업가로 성장하고 그 시련 속에서 인간적인 성장을 하면서 만족하고 계셨을지도 모를 일이다.

이제 다시 처음의 질문으로 되돌아가 보자.

"사업을 할 것인가, 안 할 것인가? 혹은 사업이 내 체질에 맞는가, 맞지 않는가?"

이제 와서 나에게 다시 한번 선택하라고 한다면 나는 당연히 '체질에 맞지 않아도 부딪히고, 깨지고, 눈물을 흘리더라도 매일매일 새롭게 성장하는 나를 만나고 싶다'라고 말할 것이다. 그러한 성장 속에서 나는 오히려 미래에 대한 희망을 만들어 갈 수 있고, 그것이야말로 진짜 내 삶의 불안을 없애는 본질적인 방법이라고 생각하기 때문이다.

안정적으로 월급을 받는 즐거움, 하지만 그보다 더 큰 성과

직장생활은 나에게 새로운 미래의 물꼬를 터준 곳이다. 비록 나중에는 회사에만 안주해서는 안 되겠다는 교훈을 얻게 되었지만, 그럼에도 직장생활의 경험은 오늘의 샤론델을 만든 초석임에 틀림없다. 요즘에는 온라인 플랫폼이나 스마트스토어에서 창업할 수 있는 환경이 워낙 잘 갖추어져 있어 졸업 후 곧바로 창업을 하는 사람도 늘고 있다. 물론 자신의 역량에 따라서 굳이 직장생활을 할 필요가 없다고 말하는 사람도 있겠지만, 나의 경우 직장생활은 정말 큰 도움이 되었다. 무엇보다 나 자신에 관해 보다 잘 알게 되었고, 예전에는 생각하지 못했던 '비즈니스'라는 것이 무엇인지를 알 수 있었다. 특히 영업과 교육 파트를 거치면서 어쩌면 지금 하고 있는 일의 토대를 조금씩 쌓아왔다고 볼 수 있다. 물론 나중에 창업을 염두에 두고 회사에서 자신의 업무 영역을 선택할 수는 없겠지만, 그 어떤 분야든 충분히 도움이 될 수 있다.

작은 돈이 큰돈이 된다는 교훈

프리랜서 아나운서 생활을 접기로 마음먹은 후 본격적인 기업 공채를 준비하기 시작했다. 다행히 오래지 않아 롯데제과의 영업사원으로 입사할 수 있었다. 여자가 '영업'이라는 분야에 선뜻 지원하기란 쉽지 않아 보일 수 있다. 그러나 아나운서를 하면서 늘 사람들 앞에 섰던 경험을 생각하면 아주 생뚱맞은 선택도 아니었다. 더욱이 함께 영업 파트로 입사한 여자 동기도 4명이나 있다 보니 내가 그리 희소해 보이는 존재도 아니었다. 그리고 얼마 지나지 않아 회사에서는 나의 경력을 살려서 일부 시간은 사내 아나운서로 일하기를 권유했다. 그래서 대부분은 영업사원으로, 그리고 일부는 사내 아나운서로 사회생활을 시작했다.

대기업의 영업사원이면 그리 어렵지 않게 영업할 수 있다고 미루어 생각할 수도 있겠지만, 실제 영업의 현장은 늘 긴장되고 성과에 목마른 하루하루였다. 내가 맡은 분야는 '신유통'이었다. 대형 마트사에서 운영하는 작은 마트, 예를 들면 '홈플러스 익스프레스' 등에 물건을 납품하는 일이었다. 그런데 이게 일종의 '땅따먹기 경쟁'과 비슷하다. 롯데제과의 경쟁사는 해태제과, 오리온 등이다. 모두 오래되고 인지도도 높은 회사들이라서 신제품이 나오면 어떻게 해서든 발주량을 따내야 하고, 그들 회사와의 경쟁에서도 밀리지 않아야 한다. 대기업끼리의 경쟁이라 오히려 더 까다로운 측면도 있었다. 물론 롯데제과가 늘 상위에 있었지만, 그 자리를 빼앗길 수 없다는 부담감도 항상 존재했다.

과자 한 봉지, 껌 하나, 아이스크림 하나를 둘러싼 치열한 경쟁을 하다 보니 '작은 돈의 중요성'에 대해서 절실하게 느낄 수 있는 계기가 되었다. 종류마다 다르지만, 과자 한 봉지의 원가는 우리가 흔히 생각하는 '잔돈' 수준이다. 그런데 이 돈들이 모이고 모여 한 달 매출이 억대가 된다. 신동빈 회장도 과거 껌을 팔아 오늘날의 롯데그룹을 이루었다고 들었다. 이를 통해 '작은 돈이라고 절대 무시하면 안 되겠구나'라는 사실을 절실히 깨달았다. 그런데 우연이겠지만, 과거 롯데에서 내가 했던 영업 과정은 지금 샤론델의 영업과 비슷하다. 부자재 한 알의 가격은 100원, 200원, 심지어 몇십 원짜리도 있다. 어쩌면 '작은 것을 팔아서 큰돈을 모으라'는 것이 나의 운명일까?

스마트스토어에 진입하려는 사람들 역시 이런 부분을 염두에 두는 것이 좋다. 꼭 큰돈을 들이고, 단가가 커야만 돈을 벌 수 있는 것은 아니다. 100원, 200원이 모여서 샤론델의 매출도 한 달에 수천만 원을 기록하고 있기 때문이다.

재입사, 그리고 더 새로운 분야로의 진출

그렇게 영업사원으로의 경력을 쌓아 가던 중, 1년이 채 되지 않아 영업과 물류 파트가 아닌 그룹사의 롯데인재개발원으로 인사이동을 하라는 권유를 받았다. 매우 이례적인 '재입사'의 과정을 거치면서 이제는 물류 창고가 아닌 전망 좋은 25층의 사무실에서 근무하게 됐다. 아나운서의 비중이 조금 더 커졌으며, 상무보 이상 임원들의 교육 기획 업무를 메인으로 하고, 여기에 상품기획을 담당하는 MD^Merchandiser 교육을 기획하는 일까지 겸하게 되었다. 지금 생각해 보면 분야가 매우 다른 여러 일을 한꺼번에 하다 보니 정신이 없을 것 같기도 하지만, 사실 도움이 되는 부분이 많았다. 아나운서 일은 남들 앞에 서는 훈련과 대인 관계를 꾸준히 유지할 수 있게 해주었고, MD 교육 기획은 제품을 보는 안목을 키워주었다. 거기에 더해 내가 소화하기에는 다소 벅찬 임원 교육 기획이라는 분야는 힘들기는 했지만, 회사를 운영하는 데 있어서 교육이 얼마나 중요한지를 알 수 있게 해준 계기가 되었다.

무엇보다 직장생활이 나에게 준 가장 큰 교훈은 '과연 내가 어떤 사람인가?'를 알게 해주었다는 점이다. 내가 원하지 않는 환경 속에서 불편을 겪고 괴로움을 당해봐야 진짜 나 자신을 찾게 되는 모양이다. 그 결과 안락한 과정과 학창 시절에는 몰랐던 나 자신을 알게 됐다. 무엇인가 내 뜻대로 되지 않으면 힘들어한다는 점, 장기적인 플랜보다는 매달 결과가 나오는 딱 떨어지는 일을 좋아한다는 점, 그리고 사람 만나기를 좋아하지만 의외로 빨리 피로감을 느끼면서 재충전을 위한 나만의 시간이 필요하다는 점 등이다.

이러한 자기 이해는 이후 샤론델의 창업과 운영, 그리고 대인 관계를 나의 라이프 스타일에 맞게 조화시키는 데 큰 도움이 되었다. 실상 내가 나를 가장 잘 안다고는 하지만, 골방에서만 바라보는 자신은 진짜 자신이 아닌 경우가 많다.

창업을 하기 위해서 일부러 직장생활을 할 필요는 없겠지만, 경험하게 되면 반드시 도움이 된다. 꼭 내가 경험했던 영업이나 MD, 임원 교육 분야가 아니라도 상관없다. 디자인 분야라면 제품을 보는 안목을 높일 수 있고, 온라인에 업로드하는 상세 페이지나 이벤트 페이지를 만들 때 도움이 될 것이다. 금융 분야라면 탁월한 재무 계획을 세울 수 있고, IT 분야라면 플랫폼의 구조와 성격을 더 심층적으로 이해할 수 있다. '기업이 하는 비즈니스의 모든 영역'이 곧 '내가 앞으로 할 사업의 모든 영역'과 중첩된다고 생각한다면, 그 어떤 직종도 허투루 평가할 수는 없다. 그리고 직장생활을 할 때 오히려 마치 내가 사장이라도 된 것처럼 주체적이고 적극적으로 일을 한다면 훗날 더 탄탄한 창업 준비를 할 수 있을 것이다. 특히 그 과정에서 내가 누구이고, 어떤 일에 적합한지를 잘 파악할 수 있다면, 사업을 할 때도 내 모든 주변 환경을 나에게 커스터마이징 할 수 있을 것이다.

○
○

\/\/\/\/\/\/\/\/\/\/\/\/\/\

프리랜서라는 '을의 생활'이 주는 '갑의 멘탈'이라는 선물

/\/\/\/\/\/\/\/\/\/\/\/\/\/

최근 몇 년 사이에 프리랜서를 비롯한 비정규직 형태의 노동자 숫자가 많이 늘어나고 있다. 더욱이 해외에서는 대기업조차 정규직 채용에 대한 부담을 줄이기 위해서 프리랜서 채용이 늘고 있다는 뉴스를 보았다. 특히 '플랫폼 노동자'가 많이 생기면서 손쉽게 뛰어드는 사람도 늘고 있다. 나 역시 프리랜서 아나운서로 사회생활을 시작하다 보니 이 직업의 장단점에 대해 고민한 시간이 적지 않았다. 이에 대한 나만의 결론은 적극성과 성취력을 기른다는 점에서는 프리랜서가 오히려 장점이 있으며, 설사 나중에 취업을 하더라도 과거의 프리랜서 경력이 큰 도움이 될 수 있다. 특히 미래를 바라보는 관점은 물론 자신의 멘탈을 강화하는 데 큰 동력이 되었다.

프리랜서 선배 VS 대기업 선배

프리랜서 생활의 단점을 지적하는 이야기 중에서 '자기 관리를 잘못하게 된다'라거나 '자기도 모르게 게을러진다'라는 등의 말이 많다. 그러나 정작 제대로 프리랜서를 해본 사람이라면 이런 말들이 별 의미가 없다는 사실을 알 것이다. 정말 제대로 된 프리랜서 생활이라면, 그리고 그 속에서 어느 정도 자신의 자리를 차지하고 위상을 만들기 위해서는 철저한 자기 관리와 성실하고 속도감 있는 생활을 유지해야 하기 때문이다.

다행히도 나는 프리랜서 생활과 대기업 생활을 모두 경험해 봤기 때문에 그 안에서 두 종류의 선배들이 있다는 사실을 알게 됐다. 언론대학원을 다닐 때 만난 분들은 현직 방송국 PD도 있고, 아나운서 선배들도 많았다. 대부분 나보다 7~8년 정도 나이가 많았으니까, 그들의 모습은 곧 내 미래의 모습이기도 했다. 나보다 앞선 삶을 살고 있었기 때문에 무슨 말이든 귀담아듣고 자세히 관찰할 수 있었다. 대기업에 들어갔을 때도 나이 많은 선배들의 모습을 볼 수 있었다. 특히 여자 선배들의 경우 임신과 육아휴직, 그리고 복직이라는 나름 쉽지 않은 일들을 겪으면서 그들이 어떻게 대처하는지도 깊이 있게 볼 수 있었다.

그런데 프리랜서를 경험한 선배들과 그렇지 않고 엘리트 코스를 거쳐 대기업에서 일하는 선배들 사이에는 하나의 결정적인 차이점이 있었다. 그것은 바로 '생존력'이었다. 프리랜서란 자신이 스스로 움직여 수입을 만들고, 일을 만들어내지 않으면 살아남을 수 없는 환경이다. 불편하고 가혹한 환경일 수 있겠지만, 정작 그런 이력을 거친 선배들은 어떤 일을 하든 잘 적응했고, 임신과 육아를 거치면서도 스스로 멈추지 않고 자신의 길을 잘 찾아가는 모습을 보여주었다. 심지어 임신 중에도 일을 멈추지 않는 모습에서 '참, 대단하다'라는 생각까지 들 정도였다. 때론 험한 환경에서의 경험이 미래에 자신의 삶을 개척하는 데에도 도움이 된다는 사실을 알 수 있었다.

　그런데 대기업 선배들의 모습은 늘 내 마음속의 롤 모델이었음에도 불구하고 일에 대한 간절함이나 치열함이 프리랜서에 비하면 덜한 느낌이었다. 일단 법적으로 육아휴직이 보장되어 있고, 복직 역시 마찬가지이기 때문에 임신 중에는 그냥 푹 쉬는 경우가 많았다. 물론 태아를 위해서는 충분히 좋은 것이기는 하지만, 일단 일에서 멀어지는 것은 어쩔 수 없었다. 더욱이 사내에서 여성이라는 유리천장을 깨기 위한 여러 가지 제도를 제공하기는 해도 때로는 아이가 성장하게 되면 결국 생활의 중심이 자신의 일보다는 가정으로 기울어지는 모습을 종종 보곤 했다. 물론 일보다 가정에 충실하는 것이 좋지 않은 일이라고 생각하지도 않거니와, 혹은 대기업의 선배들이 결코 나태하거나 일에 대한 의욕 자체가 없다고 보지는 않는다. 다만 자신에게 주어진 환경과 선택 사이에서 차이가 있을 뿐이다. 하지만 일과 삶에 대한 고민을 해오던 나로서는 프리랜서 선배와 대기업 선배의 모습에서 '나는 앞으로 어떤 삶을 선택할 것인가?'를 미리 생각하게 해준 소중한 경험이었다.

성과를 창출하는 힘, 그리고 추진력

어쩌면 내가 퇴사를 한 후 아버지의 사업을 도왔던 일, 그리고 지금의 '샤론델'이라는 브랜드로 비즈 사업을 시작했던 그 모든 동력은 바로 프리랜서로서의 멘탈에 기초하고 있다. 어쩌면 내가 대기업에 너무 만족하고, 그 길에 안주했다면 지금의 나는 결코 존재할 수 없다고 생각한다. 칼 같은 퇴근 시간, 충분한 복지제도, 평화로운 대기업 생활은 더 나은 동력을 찾기 위해 세상을 향해 박차고 나가기에는 너무도 따뜻한 환경이었기 때문이다.

앞에서도 이야기했지만, 퇴근 후 집에서 소파와 침대에만 누워 있는 나 자신을 발견하고 '그냥 이렇게 사는 게 맞는 건가…'라는 질문을 스스로에게 던질 수 있었던 것은 때로 열악한 프리랜서 생활을 해봤기 때문일 수도 있다. 내가 노력을 기울이는 만큼 수입도 많아지고 아는 사람도 많아지는 그 세계에서, 어느 순간 '회사와 집'을 오가는 정해진 틀에서만 생활하다 보니 뭔가 새로운 동력을 찾고 싶은 마음이 간절해졌다고 본다.

어쩌면 지금 프리랜서 생활을 하는 많은 사람들은 불안하고 미래가 보이지 않는 생활에 다소 위축되어 있을지도 모른다. 하지만 걱정스러운 '을의 생활'이 사실은 자신에게 '갑의 멘탈'을 선사하고 있음을 믿어야 한다. 그것은 스스로 생각하고 몸을 움직여 자신의 성과를 창출해 내는 힘이고, 제도적으로 보장된 것 이상으로 향하는 추진력이다.

어떻게 보면 사장이야말로 진정한 프리랜서다. 게을러지려면 한없이 게을러질 수 있지만, 한번 마음먹고 인생을 바꾸길 원한다면 그 또한 가능한 일이기도 하다. 스마트스토어 1인 사업자를 하고 안 하고는 본인의 결단이겠지만, 분명 프리랜서의 생활은 이미 '간접 사장'의 역할을 하고 있다고 본다.

○
○
○

＼／＼／＼／＼／＼／＼／＼／＼／＼／＼／＼／

고객의 최신 트렌드를 알아가는
창의적인 직업

／＼／＼／＼／＼／＼／＼／＼／＼／＼／＼／＼

스마트스토어를 꿈꾸는 사업자라고 하면, 미래의 자신을 '중간 납품업자'와 비슷한 위상이라고 생각할 수도 있다. 다수의 1인 사업자들은 스스로 물건을 제조하기보다는 기존의 제품을 사 와서 마진을 붙이고 소비자에게 판매하기 때문이다. 이렇게만 본다면 일의 과정이 별로 재미없거나 창의적인 직업이라는 생각이 들지 않는 것도 사실이다. 하지만 이것은 자신이 어떻게 하느냐에 따라서 달라지는 부분이다. 학교 공부도 그렇지 않은가? 어떤 학생들에게는 큰 성취감을 느낄 수 있는 과정이지만, 또 어떤 학생들에게는 지루하기 짝이 없는 과정이기도 하다. 비록 본질적으로 스마트스토어 사업자가 중간 납품업자라는 위상에 있다고 하더라도 자신이 어떻게 그것을 받아들이고, 그 안에서 어떤 영역을 개척하느냐에 따라서 생각보다 훨씬 더 재미있게 일을 진행할 수 있고, 또 많은 것을 배울 수 있다.

셰프가 음식 주문받을 때의 느낌?

내가 하고 있는 '액세서리 비즈 DIY 키트' 분야는 그나마 창의성의 재미를 느낄 수 있는 분야이기는 하다. 제품은 크게 두 가지로 나뉜다. 우리가 큐레이션을 한 모양 그대로 키트 형태로 팔기도 하고, 또 고객이 스스로 원자재와 색깔을 조합해서 주문하면 그것을 그대로 배송해 주는 것이다. 그런데 그 어떤 경우라고 해도 창의성의 여지가 있다.

일단 우리가 직접 제품을 만들 때는 당연히 창의적인 패션과 예술의 영역에 걸쳐 있다. 대단한 예술품은 아니어도 나와 직원들의 감각이 최대한 반영된 키트를 만들 때마다 시간 가는 줄 모르는 흥미로움을 느끼기도 한다. 그런데 때로는 고객이 많은 원부자재 중에서 몇 가지를 선택하고, 그것에 맞춰 배송할 때도 비슷한 느낌을 받는다. 그것은 마치 요리사가 음식을 주문받는 과정과 비슷하다.

"김밥 하나 주시는데요, 깻잎은 빼주시고, 어묵은 조금 더 넣어주시고, 치즈는 부드러운 걸 넣어주시고, 멸치도 넣어주시는데 너무 맵지 않게요!"

"떡라면 하나 주시는데요, 라면은 신라면 말고 진라면에 떡은 기존의 반만 넣어주시고, 계란은 맨 나중에 넣어서 거의 반숙처럼 먹을게요. 그리고 고춧가루 살짝요!'

아마도 요리사는 이런 생각을 할 것이다.

'아, 나는 이런 조합은 미처 생각지도 못했는데… 그런데 이렇게 먹으면 어떤 맛이 날까?'

자신의 감각으로는 도저히 생각하지 못했던 새로운 맛의 세계로 들어가게 된다. 비즈 DIY 키트도 마찬가지다. 복잡다단한 고객의 주문에 따라서 원부자재를 하나씩 챙기다 보면 '와, 이런 조합이 가능해?', '와, 이게 가능하구나!', '이분은 참 개성적이시구나' 하고 감탄사를 연발한다. 이런 느낌으로 하루를 보내다 보면 비록 나의 감각은 아니지만, 누군가의 감각을 배웠다는 흐뭇함마저 느낄 수 있다.

심지어 우리 입장에서는 간혹 재고를 소진하기 위해서 최대한 색깔을 맞춰서 제품을 구성하기도 한다. 예를 들어 빨간색 체인의 재고가 많다면, 제품을 구성할 때 조금 더 빨간색 구슬을 많이 사용하는 방식이다. 물론 그렇다고 전혀 어울리지 않게 구성하지는 않지만, 어쨌든 티는 좀 나기 마련이다. 하지만 의외로 이런 제품들 중에서 잘 팔리는 경우도 있다. 그럴 때는 가끔 거래처의 나이 드신 사장님들에게 물어보기도 한다.

"도대체 이게 왜 잘 나가는지 모르겠어요!"
"왜, 아주 좋은데? 나라도 사겠다."

이럴 때마다 20대인 내가 바라보는 눈과 40~50대가 바라보는 눈이 확연하게 다르다는 점과 함께 내가 몰랐던 또 다른 창의성의 세계가 있다는 점을 새삼 느끼기도 한다.

더 큰 사업 영역을 향해

어떻게 보면 그냥 기계적으로 할 수도 있는 일이고, 생각이라는 걸 배제할 수도 있다. 주문이 들어오면 아무 생각 없이 주문대로 배송하면 그만이고, 고객이 선택한 디자인이 특이하든 그렇지 않든 '잘 팔리면 좋지 뭐!' 하며 그냥 넘겨버리고 더 이상 새로운 감각을 배우려고 하지 않아도 된다. 그러나 내가 그 안에서 무엇을 어떻게 생각하느냐에 따라서 그 모든 과정은 흥미진진한 일로 바뀌게 된다.

비단 DIY 키트 분야만 그렇다고 보지는 않는다. 최소한 패션, 잡화 등 다양한 분야에서 최근 잘 나가는 제품을 보면서 '아, 요즘 20대는 이런 제품을 선호하는구나'라는 것을 느낄 수 있고, 계절마다, 혹은 특별한 이벤트가 있을 때마다 변

파워 셀러 시크릿 노트

해가는 대중의 취향을 면밀하게 따라갈 수도 있다. 한마디로 이런 부분을 잘 받아들이고 적용하다 보면 스마트스토어 1인 사업자는 최첨단 트렌드를 따라가는 가장 선두에 있는 사람이 될 수 있다. 거리를 깨끗하게 만드는 청소부 역시 '그냥 먹고 살기 위해서 이 일을 할 수밖에 없지 뭐!'라며 일하는 것과 '오늘도 지구의 한 부분을 깨끗이 닦았다'라고 생각하며 일하는 것에는 큰 차이가 있다. 두 부류의 사람 모두 길을 쓸고 쓰레기를 줍는 일은 동일하지만, 마음 자세도 달라지고 일을 한 뒤에 느끼는 보람도 다를 것이다.

스스로를 '중간 납품업자'라고 여기든, 혹은 '최첨단 트렌드를 따라가는 사람'이라고 여기든, 모두 자유의지일 뿐이다. 그러나 자신이 할 수 있는 영역에서 최대한 의미와 가치를 따라간다면 더 넓은 세상이 열리지 않을까. 만약, 이러한 감각을 지속적으로 발전시켜 나갈 수 있다면, 지금 시작하는 사업의 영역에서 보다 더 발전한 다른 영역으로 진입할 수 있을 것이다. 그 어떤 사업의 영역이든 결국 소비자의 트렌드와 취향을 따라가는 일은 본질적으로 동일하기 때문이다.

사업을 하면서 처음 느껴본
양육의 기쁨

사업을 오래 한 사람이든 시작한 지 얼마 되지 않은 사람이든, 제일 힘든 일은 바로 직원을 관리하는 일일 것이다. 나 역시 대학 졸업 후 직원으로만 일해봤지, 직접 직원을 고용해 일을 해본 것은 처음이라 힘든 일이 적지 않았다. 그런데 뒤돌아보면 힘든 일일수록 더 성취감도 크고, 그 안에서 느끼는 기쁨도 많았다. 부모의 일이라면 양육이 여기에 해당한다고 할까? 아무리 아이에게 잘해준다고 해도 모자란 것 같은

데, 그럼에도 의젓하게 자란 모습을 보면 감동적이기까지 할 것이다. 나는 강아지는 물론이고 아이를 키워본 적도 없지만, 직원들과 함께 일하면서 이런 기쁨을 느껴본 적이 있다. 처음 사업을 하는 스마트스토어 사업자들은 직원 관리에 자신도 없고 무슨 일이 생길지 불안할 수도 있지만, 그 안에서도 행복과 기쁨이 함께 있다는 사실을 알았으면 좋겠다.

신경 써 주지 못했던 직원이 준 감동

사업을 시작한 지 1년 정도가 지났을 때로 기억된다. 당시 우리는 두 군데의 택배사를 이용하고 있었다. A택배사는 매일 정확한 시간에 상품을 수거하러 오고, B택배사는 필요할 때만 연락한다. 그러던 어느 날, B택배사를 이용해야 하는 일이 있었는데 깜빡하고 연락하는 것을 잊어버린 것이다. 그러다 갑자기 생각이 나서 나도 모르게 "아, 맞다. 택배 기사님에게 연락해야지!"라고 중얼거렸다. 그런데 내 말을 들은 한 직원이 말했다.

"아, 그 연락 벌써 제가 해놨는데요!"

원래 택배 기사님에게 연락하는 것은 혼자 일할 때부터 내가 하던 일이라 직원들이 할 것이라고는 기대하지도 않았고, 또 굳이 그럴 필요도 없었다. 하지만 그 직원은 평소 날 옆에서 지켜보며 이 일을 하고 있음을 인지하고 있었고, 그날 내가 하지 않았다는 사실을 알고 스스로 먼저 연락을 해놓은 것이다. 그 직원이 '미리 해놨다'라는 말을 듣는 순간 마음속으로 '와!' 하며 고맙고 대견하다는 생각이 들었다. 직원이 사장의 일까지 신경 써 주고, 회사 일이 잘 돌아갈 수 있도록 알아서 챙기다니.

특히 그 직원에게는 당시 내가 많은 케어를 해주지 못해 미안한 마음도 있었다. 신규 입사한 직원을 교육하고 관리하는 것에 온 신경이 집중되어 있었기 때문이다. 그런 상황에서 주어진 업무만 잘 해내도 감사한 마음인데, 내가 미처 신경 쓰지 못한 일까지 알아서 챙겨주니 고마운 마음이 더했다.

그런데 그 직원은 또 한 번 나를 감동시킨 적이 있었다. 보통 거래처를 갈 때면 직원 한 명과 같이 가는 경우가 많다. 그들도 때로는 리프레시가 필요할 것 같아서 잠시나마 업무에서 벗어나게 해주고 싶었고, 더구나 거래처 방문 이후에는 곧바로 퇴근을 시켜주는 편이라 직원들도 좋아하곤 했다. 어느날, 그 직원에게 거래처에 가는데 같이 가자고 제안했다. 그런데 대뜸 예상치 못한 반응을 보였다.

"사장님, 전 오늘 거래처 안 갈래요. 사장님 혼자 가셔도 될 것 같아요."
"응? 왜?"

평소 같으면 분명히 함께 간다고 했을 텐데 그날따라 가지 않겠다고 하니 당연히 이유를 되물을 수밖에 없었다.

"저 오늘 거래처에 가면 이 일을 다 못 끝내서요. 이 일을 해야 돼요."

마음속으로 또 한 번의 감탄을 하지 않을 수 없었다. 사장이 일을 안 시키려고 해도 자기가 알아서 일하겠다는 직원. 만약 나라면 그렇게 말할 수 있었을까?

특히 그 직원은 정규직 전환에서 상당히 고민했던 친구였다. 처음 봤을 때는 성격이 무척 밝고 잘 적응할 것 같았지만, 일을 제대로 할 수 있을까 걱정하고 고민하는 시간이 정말로 길었다. 그나마 정규직 전환 전에 아르바이트를 통해 서로를 알고 있었지만, 아르바이트와 정규직은 또 완전히 다른 문제다. 정규직이란 회사에서 한 사람을 책임진다는 의미이기 때문에 그만큼 나에게도 부담이 되는 일이다. 그런데 내가 잘 돌봐주지도 못하는 사이에 그 직원은 오히려 회사를 생각하고 사장인 나를 케어해 줄 수 있을 정도로 성장해 있었다. 정말로 힐링이었고, 엄마가 된 기분이었으며, '양육의 기쁨'이 아닐 수 없었다.

결국, 사장이 하는 만큼 직원도 따라온다

물론 어떤 사람들은 나에게 '직원 복이 있다'라고 말할 수도 있다. 하지만 직원과의 관계, 그리고 그로 인한 사업의 성패를 올지도, 안 올지도 모르는 복에 맡겨둘 수는 없다. 특히 초보 스마트스토어 사업자들에게는 더더욱 그렇다. 물론 애초에 그 직원이 열정과 책임감을 가지고 있었겠지만, 더 중요한 점은 '왜 그 직원이 자신의 능력을 최대한 발휘하려고 결심했느냐' 하는 것이다. 되돌아보면 나 역시 직장생활을 하면서 내가 가진 능력을 최대치로 발휘하지는 않았던 것 같다. 자꾸 퇴근 시간만 기다리게 되고, '왜 이렇게 시간이 안 가지?'라고 생각한 적도 많았기 때문이다. 굳이 상사가 깜빡했던 일을 내가 해놓지도 않았고, 일을 다 못 끝내는 걱정 때문에 누릴 수 있는 혜택을 포기한 적도 없었다.

그러니 회사를 생각하는 그 직원의 태도를 일방적으로 인성이나 복의 문제로 돌리기는 힘들다. 그것은 어쩌면 초보이지만, 그래도 사장인 내가 보여주는 태도와도 관련이 있다.

나는 늘 평소에 직원들에게 '나 혼자 잘 먹고 잘 살겠다'라는 태도보다는 '우리 모두 함께 잘 먹고 잘 살자'라는 점을 많이 강조해 왔다. 물론 말로만 하는 것이 아니라 정말로 진심이었다. 나 역시 직장생활을 해봤기 때문에 직원들이 무엇에 힘들어하는지도 충분히 잘 알고 있고, 게다가 초보 사장인지라 부족한 것도 많고, 금전적으로도 어려움이 있었다. 그래서 최대한 빨리 회사를 안정시켜 직원들에게 보답하고 싶었다. 아직 회사가 완전히 탄탄해지지 않은 상태에서 정규직 전환을 서둘렀던 것 역시 최대한 직원들에게 안정감을 주고 나의 책임감을 보여주고 싶었기 때문이다.

결국 직원과의 관계는 상호책임이며, 상호신뢰다. 내가 보여주는 만큼 그들도 따라오고, 내가 품어주는 만큼 그들도 열정을 발휘하게 된다. 사장이 직원에 대한 책임감을 보여주지 않는데, 직원이 책임감 있게 일을 할 리가 있을까?

직원 관리에 대해서는 수많은 이론도 있고 여러 연구 결과도 있지만, 최소한 '사장과 직원은 상호소통하고 교류하면서 깊은 관계를 맺어나간다'라는 정도만 알고 있어도 초보 사장의 직원 관리는 훨씬 수월해질 것이다.

○
○

내가 한 걸음 나서면,
세상은 나에게 또 다른 기회를 준다

'성공에 이어 사랑까지 쟁취할 찐언니들과 그녀들을 사로잡을 각 분야 최고 남자들의 짜릿하고 설렘 가득한 리얼 연애 프로젝트!'

갑자기 웬 '연애 이야기냐'라고 할 수 있겠지만, 위의 문구는 과거 2021년 내가 모 케이블 TV에 출연했던 '리더의 연애'라는 방송 프로그램 소개 문구다. 그저 평범한 직장인에서 사업을 하게 되고 방송 출연까지 하게 되었으니 나에게는 정말로 큰 영광이었다. 실제 방송이 나간 후에 사업에도 매우 큰 영향이 있었다. 검색을 통해 우리가 직접 운영하는 자사몰로 유입되는 고객도 상당했고, 이후에는 국내 주요 통신사 중 하나인 S사와 이벤트도 한 번 했을 정도다. 이러한 일련의 과정들은 단순한 '운'이 아닌, '내가 한 걸음 세상에 발을 디디면, 세상은 나에게 또 다른 기회를 열어준다'라는 교훈을 깨닫게 해준 에피소드였다.

운처럼 보이지만 운이 아닌

출발은 '쿠팡 마켓플레이스 엠베서더'였다. 우연한 기회에 쿠팡 판매자 홍보대사가 되어 인터뷰, 영상 촬영 등 다양한 역할을 했다. 중요한 점은 이때부터 인터뷰 기사가 온라인에 전송되기 시작했다는 것이다. N포털, D포털 등에서 1면에 내 얼굴이 실렸고, 쿠팡이라는 브랜드 인지도도 상당했기 때문에 그 효과는 결코 적지 않았다. 하지만 이러한 인터뷰를 통해서 딱히 기대한 것은 없었다. 쿠팡을 통해 내 사업이 어느 정도 반열에 오를 수 있었기 때문에 기꺼이 응했고, 그것이 또 다른 후발 주자들에게 도움이 됐으면 하는 바람이 전부였기 때문이다.

그런데 중요한 것은 이 기사를 통해 또 다른 기회가 찾아왔다는 점이다. 이 기사를 살펴본 모 방송국 작가에게 '리더의 연애라는 프로그램에 출연해 보지 않겠느냐'라는 제의가 들어온 것이다. 이 프로그램은 여성 CEO와 남성 연예인이 소개팅하는 포맷이었다. 사실 처음에는 회사 홍보 차원 및 소개팅이라는 것에 욕심이 있었지만, 내심 부담스러웠던 것도 사실이다. 아나운서 일을 했었기 때문에 카메라 자체를 두려워하거나 말하는 것이 힘들었던 것은 아니다. 아나운서란 내가 주인공이 아닌, 그저 정보나 행사를 안내하는 사람이지만, 예능 프로그램은 내가 주인공이 되고, 집중적인 관심을 받게 되다 보니 선뜻 나서기가 쉬운 일만은 아니었다.

게다가 애초에 회사라기엔 너무 미약해서 망설여졌다. 뿐만 아니라 사무실이 너무 좁아서 촬영 자체를 하기가 힘든 환경도 작용했다. 출연하기가 더 힘들었던 점은 프로그램 기획 단계에 섭외가 와서 어떤 식으로 방송이 나가는지 감이 잡히질 않았다. 솔직히 기존에 나간 방송분이 있다면 '아, 이렇게 나가는구나'라는 감이라도 잡을 수 있었겠지만, 어떻게 방송이 나갈지도 잘 몰라 망설일 수밖에 없었다. 결국 이런저런 핑계를 대다가 10회 정도가 방송된 뒤에야 출연하게 되었다. 방송 이후의 반응은 꽤 좋았다. 방송에 출연한 지 1년 정도가 지났음에도 불구하고 여전히 적지 않은 검색량을 통해서 고객들이 찾아주기 때문이다.

하늘은 스스로 돕는 자를 돕는다

어떻게 보면 이런 일련의 과정들이 그저 우연일 수도 있다. 내가 원해서 했던 사업이었고, 우연한 기회에 쿠팡 엠베서더가 되어 기사가 나갔고, 또 그것이 우연히 방송 출연까지 이어졌기 때문이다.

그런데 돌이켜보면 내가 사업을 시작하지 않았다면 어땠을까? 쿠팡 엠베서더가 될 리도 없고 기사가 나갈 일도 없었으며, 방송 출연도, 그로 인한 홍보 효과도 얻지 못했을 것이다. 이 말은 곧 처음 시작은 '나'로부터 시작된 작은 발걸음에서 출발했다는 점이다. 비록 처음에는 아무도 알아주지 않는 초라한 출발이었지만, 그것이 하나의 계기가 되어 제2의, 제3의 기회가 찾아왔다는 점이다. 이 일로 결국 내가 내 힘으로 아무것도 하지 않으면, 세상은 나에게 아무런 기회도 주지 않는다는 사실을 알게 됐다. 사람들이 모인 곳으로 가야 하고, 그곳에서 내가 준비한 것들을 보여주어야 한다. 그때야 비로소 사람들은 나에게 관심을 가지고 새로운 제안을 하며, 나를 또 다른 세계로 이끌어준다.

스마트스토어 1인 사업자가 되기를 망설이는 사람들도 있을 것이다. '내가 꾸준히 할 수 있을까?', '힘들어지면 포기해야 할까?' 등등… 어쩌면 수없이 다양한 고민이 사업을 가로막고 있을 것이다. 물론 나처럼 꼭 스마트스토어 사업자가 되라는 이야기는 아니다. 중요한 것은 자신이 앞으로 발걸음을 내딛지 않으면, 그 누구도 나를 이끌어주지 않는다는 점이다.

어릴 때 '하늘은 스스로 돕는 자를 돕는다'라는 말을 들은 적이 있다. 사실 그때는 이 말이 무슨 내용인지 잘 파악되지 않았다. 내가 나를 돕는데 왜 하늘이 굳이 나서는 건지. 그런데 세월이 흐르고 사회 경험을 하면서 알게 됐다. '내가 스스로 움직여 세상에 나아가고 열심히 노력할 때 비로소 이 사회는 나를 알아봐 주고, 내가 더 크게 성장할 수 있는 기회를 준다'라는 의미였다. 이러한 사실은 우리가 살아가면서 소위 '운'이라고 말하는 것을 설명하는 데 도움이 된다. 아는 사람 중에 참 운이 좋은 사람을 보곤 한다. '나에게는 왜 저런 운이 오지 않을까' 하고 원망할 때도 있었다. 그러나 운은 그저 길을 가다 누군가 찬 돌멩이가 나에게 굴러 들어오는 일이 아니다. 내가 나 자신을 스스로 도울 때, 내가 내 의지를 세상에 펼칠 때 비로소 합당하게 주어지는 기회일 것이다.

Chapter 2

누구나 할 수 있는
스마트스토어

지금의 우리 세대는 사회적 활동을 시작하는 데 있어 많은 제약을 받고 있다. 이것저것 포기하면서 출발해야 하고, 기껏 열심히 달렸는데도 그다지 크게 달라진 것이 없어 보이기도 한다. 그래도 뭐 어쩌겠는가. 부모님이 부자가 아니고, 자신이 엄청난 스펙을 가지고 있지 않은 이상 그렇게 살아갈 수밖에. 하지만 그 모든 제약과 조건에서 벗어나 유일하게 내 손으로, 내 발로 걸어갈 수 있는 길이 있다. 그것은 인터넷 세상이 우리 세대에게 준 축복, 바로 스마트스토어다. 심지어 사업자등록증이 없어도 시작할 수 있으며, 굳이 사업자등록증을 내야 하는 상황이라고 해도 그리 어렵지 않다.

나만의 안목, 나만의 전략, 나만의 노력으로 성공할 가능성은 얼마나 될까? 아마도 그리 높지 않을 것이다. 어디든 당신의 출신학교를 묻고, 스펙을 묻고, 어학 실력을 묻기 때문이다. 그러나 스마트스토어 세상에서는 그 모든 것들이 필요 없고, 의미도 없다. 오로지 '나'만 있으면 충분하고, 수천에서 수억 단위의 사업자금도 필요 없다. 직장생활이나 아르바이트를 하면서 모았던 수백만 원의 돈으로도 활기차게 내 사업을 시작할 수 있기 때문이다. 내가 해왔던 스마트스토어, 이제 그 고군분투의 경험과 해보지 않으면 알 수 없었던 그 세계로 함께 들어가 보자.

○
○

스마트스토어,
어떤 장단점이 있을까?

보통 스마트스토어가 어떤 장점이 있는지 물어보면 대다수가 막연하게 알고 있다. 가볍게 시작할 수 있다거나, 집에서도 할 수 있어서 경비도 아끼고, 또 직접 고객을 만나지 않는다는 것도 장점으로 꼽을 수 있을 것이다. 이렇듯 여러 가지 장점으로 인해 스마트스토어가 오히려 장점만 가득하고 단점은 거의 없을 것이라고 예단하기 쉽다. 하지만 이 세상 그 무엇도 장점이 있으면 당연히 단점도 있을 수밖에 없다. 스마트스토어의 운영 노하우에 대해 본격적으로 알아보기 전에 이러한 장단점을 명확하게 알고 있으면, 장점이 얼마나 고마운지, 그리고 단점은 어떻게 극복할 것인지에 대한 대비가 가능하다.

비용 절감이 최대 장점

스마트스토어(오픈마켓)가 가진 최대 장점은 뭐니 뭐니 해도 초기 투자 비용이 적다는 것이다. 여기서 '초기 투자 비용'이란, 자신이 혼자 온라인 판매 사이트를 구축할 때 들어가는 각종 비용을 말한다. 사람들은 처음에 '스마트스토어의 시스템에 적응하는 것이 어렵다'라는 말을 하기도 하는데, 직접 스스로 온라인 판매 사이트(자사몰)를 구축하다 보면, 오히려 스마트스토어 시스템에 적응하는 것이 훨씬 더 쉽고 이익이 많다는 사실을 느끼게 될 것이다.

일단 혼자서 이런 온라인 판매 사이트를 만들어 본다고 생각해 보라. 전문가들에게 외주를 주어 홈페이지라는 것을 만들어야 하고, 카드 결제를 위해 시스템도 붙여야 한다. 이 과정에서 어떤 카드를 붙일 것인지도 일일이 결정해야 한다. 또 홈페이지를 만든다고 해도 예를 들어 '고객 문의'나 '리뷰 창'도 일일이 다 돈을 주고 사야 한다. 이런 비용들만 해도 최소 200만 원은 들게 되는데, 이런 목돈이 한 번만 나가고 끝이면 그나마 다행이다. 매달 관리비가 들어가야 하고, 채팅창에 고객이 많아지게 되면 데이터 사용량이 많아지기 때문에 고객이 늘어날수록 비용은 계속해서 증가하게 된다. 샤론델의 경우 이제는 온라인 판매 사이트, 즉 자사몰이 있기 때문에 그 비용을 계산해 보면, 처음에는 10만 원이었던 비용이 이제는 40~50만 원으로 늘어났다. 결국, 스마트스토어로 사업을 시작한다는 것은 초기에 드는 그 모든 비용과 매달 나가는 비용이 모두 '무료'라는 점에서 매우 큰 장점을 가지고 있다. 물론 여기에 별도의 사무실이 없어도, 설사 도움이 필요하다 해도 가족이나 지인의 도움만으로 사업을 시작할 수 있기 때문에 부대비용과 인건비에 대한 걱정이 없는 것도 큰 장점일 수 있다. 며칠 전만 해도 일반인이었지만, 어느 순간 자신의 온라인 판매 장소를 가진 어엿한 '사업자'로 만들어 주는 것이 바로 스마트스토어의 최대 장점이라고 볼 수 있다.

하지만 온라인 사업이라는 점에서 분명한 단점도 있다. 그것은 바로 사람과 사람 사이의 불만과 감정이 '글자'를 통해서 전해진다는 점이다. 예를 들어 누군가 나에게 직접 대면해서 말로 욕을 하는 것과 글자를 통해 욕을 하는 것, 이 둘 중 어떤 것이 더 피해가 클까?

얼핏 보면 당연히 글자로 하는 것이 부정적인 영향이 더 적을 것이라고 생각하기 쉽다. 보기 싫으면 고개를 돌려버리면 그만이고, 그저 글자일 뿐이니 격한 감정이 많이 드러나지 않을 것이라고 생각할 수 있다. 반면 음성으로 하는 욕은 듣기 싫어도 들어야 하고, 사람의 말이 주는 뉘앙스가 고스란히 살아 있기 때문에 더 큰 피해를 준다고 볼 수 있다. 그런데 실제로 나타나는 현상은 많이 다르다. 일단 누군가가 나에게 직접 다가와서 소리를 질러대며 욕을 하는 경우는 매우 드물게 일어난다. 사람이 얼굴과 얼굴을 대하게 되면 극한의 악감정이 있지 않는 한, 아무래도 감정이 다소 억제되기 때문이다.

미래 계획 잡기의 어려움

반면 글자로 욕을 하게 되면 그 강도는 훨씬 더 강하고 오래 뇌리에 남는다. 그래서 연예인들이 악플 때문에 자살에까지 이르는 것도 바로 이런 이유 때문이다. 사실 누군가가 연예인을 만난다고 해서 그 앞에서 고래고래 소리를 지르면서 욕하기란 쉽지 않다. 반면 소리 없는 악플은 연예인의 마음을 후벼판다. 온라인 사업자도 사실은 이런 연예인과 똑같은 위치에 놓여 있다. 소비자와 직접적으로 대면할 기회가 극히 적지만, 반면 그들로부터 악플을 받을 가능성은 상당히 크다. 게다가 이러한 악플은 언제, 어떻게 튀어나올지 몰라서 늘 마음을 졸여야 한다. 기분 좋게 가족들과 식사를 하고 난 뒤, 또는 친구와 즐겁게 수단을 떨고 난 뒤에 느닷없이 발견되는 악플은 이제까지의 행복한 감정을 무참하게 깨버리기도 한다. 어쩌면 스마트스토어 사업자의 숙명이라고까지 할 수 있을 것이다. 물론 어느 정도 이력이 쌓이고 이런 악플에 덤덤해질 정도가 되면 좋겠지만, 어느 정도의 시간과 마음의 상처는 감수할 수밖에 없다.

또 하나의 단점이라면 플랫폼에 상위노출되는 일이 그리 빈번하지는 않다는 점이다. 한 번 노출이 되면 매출은 즐거운 비명이라도 지르고 싶을 정도가 되지만, 그렇지 않은 경우는 다시 바닥까지 내려갈 수 있다. 처음에는 노출을 시켜준 것만 해도 감사하다는 생각이 들지만, 이런 일이 반복되다 보면 마치 자신의 노력이 아닌, 플랫폼의 노출에 의해 사업이 좌우된다는 느낌이 들면서 마음이 다소 불편해질 때도 있다. '이건 내 마음이 아니라 플랫폼 사업자 마음이네!'라는 생각이 들 때가 있기 때문이다. 물론 플랫폼에서야 객관적인 원칙에 의해서 노출되는 것이겠지만, 사업자가 그 내부적인 원리를 알기는 어렵다. 따라서 어느 정도 안정적인 매출이 있기 전까지는 미래의 계획을 잘 세우기가 힘들다는 단점이 있다. 그래서 매출이 올라 엄청 바빠질 때는 직원을 뽑고 싶다가도, 매출이 떨어지면 아무래도 월급에 대한 부담감이 생길 수밖에 없어 금세 포기하게 만든다.

물론 한번 사업자의 길을 걷기로 결심했다면 이런 장단점에 일희일비할 필요는 없다. 장점은 고맙게, 단점은 아쉽지만 스스로 극복해 나가기로 결심한다면 큰 문제가 될 것은 없

파워 셀러 시크릿 노트

다. 그리고 사업이 점점 커질수록 초기에 느꼈던 이런 장단점이 뒤바뀔 수도 있다는 점을 알아야 한다. 초기에 비용이 적게 들어서 장점이라고 생각했던 것이 어느 순간 판매량이 증가하면 플랫폼에서 떼어가는 수수료가 아깝게 느껴질 때도 있고, 또 어느 정도 시간이 지나면서 악플도 익숙해지다 보니 단점이라는 느낌이 줄어들 수도 있기 때문이다. 중요한 점은 그 어떤 시기이든 흔들리지 않고 자신의 사업을 고수해 나가는 견고함일 것이다.

○
○
○

\\\\\\\\\\\\\\\\\\\\\\\\\\\\\\\

준비는 천차만별,
나는 초보자? 아니면 고수?

/\/\/\/\/\/\/\/\/\/\/\/\/\/\/\/\

스마트스토어는 누구나 시작할 수 있지만, 그렇다고 아무나 성공할 수 있는 만만한 영역이 절대 아니다. 다른 여타 수많은 오프라인 사업과 마찬가지로 스마트스토어도 엄연한 사업이기 때문에, 사업을 하다 보면 발생할 수 있는 수많은 어려움이 똑같이 나타난다. 그래서 최초 안착의 과정이 매우 중요하고, 그 과정에서 발생하는 난관을 무난히 넘길 수 있을 때 비로소 더 큰 여러 어려움을 뚫고 나갈 수 있는 힘이 생긴다. 이렇게 하기 위해서는 '준비' 단계가 매우 중요하다. 스트레칭도 제대로 하지 않고 전속력으로 달렸다가 척추가 삐끗하고 근육이 놀라 더 이상 달리기를 할 수 없는 것처럼, 거의 준비가 되지 않은 상태에서 무작정 뛰어들면 역시 초기의 고난을 뚫고 나갈 수가 없다. 그런데 이제까지 만나본 사람들, 그리고 나에게 여러 가지 질문하는 분들을 보면 스마트스토어에 대한 관심은 지대하지만, 그 준비는 너무 부족한 경우를 많이 봤다. 이번에는 과연 내가 어느 정도 수준이지, 또 어느 정도 준비가 되어 있는지를 한번 스스로 체크해 보는 시간을 가져보자.

생각보다 전혀 준비가 안 된 예비 창업자

최근 들어 스마트스토어를 하겠다는 분들을 만나보면 '정말 열심히 공부한다!'라는 생각이 절로 든다. 나름 책도 많이 읽고 창업 프로그램에도 참석하면서 나름의 준비를 한다. 확실히 내가 처음 시작할 때보다 눈높이나 수준이 훨씬 높아진 사실을 확인할 수 있다. 그런데 이게 개인마다의 수준이 천차만별이라는 점이다.

샤론델에서 일했던 아르바이트생 중에서 나중에 액세서리 온라인 스토어를 하고 싶다는 친구가 있었다. 그래서 일단 부업으로 시작해 보라고 조언을 해줬는데, 나중에 알고 보니 '원재료', 혹은 '부자재'에 대한 개념이 하나도 없다는 사실을 알게 됐다. '저러면서 어떻게 스마트스토어를 하겠다는 얘기지?'라는 생각이 들 정도였다. 이렇듯 생각보다 하고 싶은 사람은 많지만, 준비가 전혀 안 되어 있는 사람도 많다. 나처럼 현장에서 뛰고 있는 사람에게 하는 질문을 보면 '이게 과연 관심 있는 사람이 할 만한 질문인가?'라는 생각이 들게 하는 경우도 많다. 대체로 이런 질문들이 그렇다.

"사업자등록증은 어떻게 내야 하는 거죠?"

"일반 사업자와 간이사업자는 어떻게 다른 거예요?"

이런 질문들은 자신 스스로 관심을 가지고 인터넷에서 궁금한 점을 몇 분만 찾아봐도 알 수 있는 것인데, 그것마저도 하지 않았다는 얘기다. 이 외에도 스스로 초보자임을 증명하는 여러 고민과 질문이 있는데, 그중에서 몇 가지를 예를 들어보면 다음과 같다.

"스마트스토어에서 뭘 팔아야 할지 잘 모르겠어요."
"내가 파는 제품의 고객 반응이 어떨지 모르겠어요."
"제품 사진을 어떻게 찍어야 할지 감이 잡히지 않아요."
"회사 로고 작업이 너무 힘들어요. 무엇을 상징화해야 할지 모르겠어요."

위의 네 가지 질문은 굳이 언급하지 않아도 될 질문이라고 본다. 그런데 의외로 로고 작업에 대해서는 많은 분들이 신경을 쓰곤 한다. 그러나 지금의 내가 보는 관점에서 '로고는 중요한 것이기는 하지만, 사업의 성패를 좌우하는 것은 아니다'라고 조언하고 싶다.

회사 로고가 사업의 본질일까?

샤론델의 경우도 이제까지 로고가 세 번이나 바뀌었다. 처음에는 로고에 대해 잘 몰라서 아는 대학생에게 의뢰해서 보기에 그럴듯한 로고 하나를 완성했다. 그런데 얼마 지나지 않아 그 로고에 사용됐던 마크 하나가 이미 상표권이 등록되어 있다는 사실을 알게 됐다. 급하게 그 마크를 빼고 봤더니 왠지 허전해 보이고, '이럴 거면 새로 하자'라는 생각으로 두 번째 로고를 만들었다. 이후에 또 마음에 들지 않는 면이 있어서 결국 세 번째로 바꿔 지금의 샤론델 로고가 되었다.

로고는 분명 회사의 브랜드가 되고 정체성을 보여주는 것으로 매우 중요한 요소다. 뿐만 아니라 로고가 주는 이미지, 감성 그 자체가 마케팅의 유용한 수단이 되기도 한다. 하지만 보여지는 이미지 자체가 1인 사업자에게는 그리 중요한 것은 아니다. 그럼에도 의외로 로고 때문에 고민하는 사람이 많다. 로고란 나중에라도 얼마든지 바꿀 수 있고, 그렇게 해도 큰 지장을 받지 않는다. 브랜드 위주의 회사나 대기업이라면 로고 하나의 변화가 엄청난 파장을 몰고 올 수 있지만, 스마트스토어에서는 그런 일은 발생하지 않는다. 따라서 사업을 시작하는 단계에서는 로고에 대한 걱정은 접어 두고 사업의 본질에 집중할 필요가 있다. 그런 점에서 아래 내용의 질문을 한다면 최소한 '초보'에서는 조금 벗어난, 완전히 하수는 아니라고 볼 수 있을 것이다.

"마케팅을 어떻게 할 것인지에 대해 고민 중인데, 참 어려운 것 같아요."

일단 '마케팅'에 대한 이야기가 나오는 사람은 최소한 그 전에 할 법한 여러 가지 '고민 같지 않은 고민' 정도는 뛰어넘은 사람이라고 볼 수 있다. 최소한 직접적인 판매와 매출에 관해 관심이 있다는 의미이기 때문이다. 결과적으로 봤을 때 초보자냐 아니냐의 경계를 나누는 중요한 기준점은 바로 마케팅에 대한 고민이라고 할 수 있다. 이는 이미 실전에 뛰어들 수 있을 정도의 준비를 마친 사람이며, 스스로의 노력이나 누군가의 조언으로 바로 마케팅을 실천하고 다양한 테스트를 할 수 있기 때문이다.

고민의 수준이 높아진다는 점은, 그만큼 철저한 준비를 해 나간다는 의미이기도 하다. '어떻게 하면 소비자에게 팔리고 사랑받을 수 있을까', 그리고 '어떻게 그 고객을 계속 유지할 수 있을까'에 대한 고민까지 할 수 있다면, 이제 곧 자신 있게 사업을 시작해도 될 만큼 충분한 준비가 된 사람이라고 볼 수 있다. 다만 이 정도의 수준이 되기까지는 스스로, 혹은 학원을 다니든, 책을 보든 자신만의 준비를 어느 정도까지는 해야 할 것이다.

일단 시작해야 할까?
아니면 좀 더 철저히 준비해야 할까?

무엇인가를 새롭게 시작하려는 사람에게 가장 큰 고민 중 하나는 그 출발의 시기다. 대체로 '일단 부딪쳐볼까?'라는 생각이 들 때도 있지만, 때로는 '철저하게 준비되지 않은 상태에서 시작했다가 실패하면 더 후회할 것 같다!'라는 생각이 들기도 한다. 그런데 사실 이런 생각을 논리적으로만 본다면 둘 다 맞는 이야기다. 일단 부딪쳐봐야 감을 느낄 수 있다는 점에서 시작이 중요하다고 볼 수도 있고, 반대로 철저하게 준비한 다음 시작해서 큰 리스크 없이 순항하는 일도 중요하다. 샤론델이 어느 정도 사람들에게 알려지면서 강연 요청이 적지 않게 들어왔는데, 그때 수강생들이 자주 하는 질문이 바로 이런 것들이었다. '다니는 회사를 퇴사하고 완전히 몰입하면서 준비하고 시작해야 하나요?', '직장생활하면서 취미로 하기에는 너무 뒷심이 부족하지 않을까요?' 등등. 하지만 지금까지 나의 경험에 비춰보면 '최소한의 준비가 되면 일단 시작하라'에 가깝고 이와 동시에 '변화의 계기가 있다면 기꺼이 받아들이라' 하는 점이다.

초라했던 출발

사실 내가 처음으로 스마트스토어에서 판매했던 제품은 액세서리 DIY 키트가 아니었다. 그것도 혼자 한 사업이 아니라 동업이었다. 또 내가 대기업을 퇴사한 이유 역시 스마트스토어를 하기 위한 것이 아니었다. 지금 현재의 샤론델 모습과는 그 형태도 사업 아이템도, 출발선도 판이하게 달랐던 셈이다.

물론 사무실도 없었다.

새로운 도전에 대한 각성을 한 뒤로, 매일 퇴근 후 '오늘도 제품을 만들어야겠다'라는 마음가짐 하나로 방에 틀어박혀 작업을 했다. 내 방은 온통 액세서리 부자재로 넘쳐났고, 걸어 다니다 밟히기 일쑤였다.

처음 취미 삼아, 부업 삼아 만들어 스마트스토어에 올린 것은 귀걸이였다. 제품 제작은 내가 맡았으며 사진을 잘 찍는 친구가 동업자를 자청했다. 그러나 그 시간은 그리 오래가지 않았다. 동업자는 취미 삼아 하려고 했지만, 문제는 내가 너무 열심히 일한 탓이었다. 물론 나 역시 취미 생활임에는 분명했다. 하지만 같은 취미 생활도 강도의 차이가 있었는지, 동업자는 예상과 다른 전개에 결국에는 사업에서 손을 떼고 말았다. 그런데 일단 일이 이렇게 흘러가자 이상하게도 그렇게 열심히 했던 귀걸이를 더 이상 만들고 싶지 않았다. 심리적인 이유를 정확히 분석하기는 힘들겠지만, 내가 만든 귀걸이를 지지해 주었던 동업자가 사라지니 맥이 빠지지 않았을까 하는 생각이 들기도 했다. 이후 '그러면 이제 뭘 만들어야 하지?'라는 고민을 한창 했던 시기였다.

그즈음 '이제 퇴사를 해야겠다'라는 생각에 이르렀다. 그러나 스마트스토어는 퇴사 결정에 단 1프로의 영향도 미치지 못했다. 아버지께서 새로운 사업을 시작하려는 찰나였고, 내가 도움이 될 수 있을 것 같았다. 분명 내가 할 일이 보였기 때문이다.

지금 생각해 보면 당시 나의 상황은 엉거주춤, 애매모호 그 자체였다. 동업자가 사라지고 만들던 귀걸이도 싫어졌고, 다시 무엇을 시작해야 할지도 몰랐다. 당시 다니고 있던 대기업 생활을 정리하려고 했던 것으로 보아 마음적으로도 꽤 어수선했던 시기였던 것은 분명하다. 그런데 이러한 모든 과정에서 가장 확실했던 것 하나는 바로 '나는 이미 스마트스토어를 시작했다'라는 점이다. 만약 내가 시작도 하지 않은 상태에서 동업자가 빠져나갔다면 아예 오픈도 못 했을 것이기 때문이다. 아버지의 사업을 돕겠다는 명분으로 퇴사를 했지만, 만약 스마트스토어까지 없었다면 내 인생의 항로가 바뀐 것에 대해 싱숭생숭하면서 더 많은 시간을 낭비했을 것이다. 하지만 여전히 내 방은 나의 소중한 작업실이었고, 무엇을 하든 그곳에서 내가 좋아하는 것을 할 수 있다는 사실 자체가 든든했다. 이 모든 것은 내가 이미 '시작'했기 때문에 가능했던 일이다. 비록 그것이 애매하고 모호한 위치일 수는 있어도 내가

'시작'했다는 사실은 변하지 않았다.

한쪽 발을 빼지 않았던 결과

한창 아버지 사업을 돕던 중 이제 어느 정도 안정화되는 기미도 보였고, 내가 빠져도 될 것 같은 느낌이 들었다. 게다가 아버지 사업을 한창 돕던 그 시기에 바로 지금의 샤론델이 탄생하게 된 계기가 마련되었다. 매일 '귀걸이가 아니면 뭘 할까?'를 염두에 두고 고민을 했던 덕분인지, 비즈를 활용한 액세서리 DIY 키트를 떠올릴 수 있었다. 그리고 우연찮게 '비즈 마스크 줄 만들기 세트'가 히트를 치면서 매출이 급격하게 올라 거의 3천만 원까지 육박했다. 그때부터는 이제 더 이상 내 방에서 감당할 수준이 아니었다. 그래도 내 손으로 보증금과 월세를 낼 수 있다는 자신감에 드디어 태어나서 처음으로 사무실이라는 것을 얻을 수 있었다.

뒤돌아보면 길지 않은 시간에 많은 변화가 있었다. 귀걸이를 그만두고 지금의 매출을 이끌어 낸 DIY 키트로 전환할 수 있었고, 다니던 대기업을 퇴사한 이후 내 삶의 방향을 바꾸었고, 사무실을 얻으면서 본격적으로 나만의 사업에 뛰어들 수 있었다. 이 모든 것은 우연일 수도 있고, 나의 의지가 작용할 결과일 수도 있다. 그런데 가장 근본적으로 내가 이미 스마트스토어를 오픈하고, 최소한 하나의 발은 그곳에 담그고 있었기 때문에 가능한 일이었다. 아마도 내가 시작도 하지 않았다면, 아버지 사업을 도운 후 다시 회사에 취직했을 가능성이 매우 컸다. 퇴사 때부터 그럴 가능성을 충분히 염두에 두었기 때문이다. 하지만 일단 스마트스토어를 개설하고 물건을 판매하기 시작했다는 이유만으로 나는 재취업보다는 아예 방향을 틀어서 스마트스토어에 집중할 수 있었다.

'일단 부딪쳐볼까요?' 아니면 '좀 더 준비하고 시작할까요?'라는 질문에서 내가 과감하게 전자를 조언하는 이유는 바로 내가 걸어온 길이기 때문이기도 하지만, 아무리 생각해봐도 '철저한 준비'를 하다 보면 결국 아예 시작도 하지 못하는 경우가 많기 때문이다. 일단 시작하면 특정한 변화의 계기가 찾아오게 되고, 거기에 맞게 대응하다 보면 분명 사업은 진화하게 된다. 다만 아무리 애매하고 엉거주춤한 상황이라고 해도 끈을 놓아서는 안 된다. 오히려 그 애매함을 견디는

파워 셀러 시크릿 노트

힘, 그리고 엉거주춤해도 계속해서 서 있을 수 있는 힘이 있었기에 새로운 환경이 새로운 기회로 발전할 수 있었다.

사업은 대체로 '성공하거나 실패하거나'라는 두 가지 잣대로 재단된다. 하지만 그 중간 단계도 분명히 있다. 성공은 전혀 아니지만, 그렇다고 실패도 아닌 상태. 어쩌면 바로 이러한 틈새의 시간이 축적되고 잠재되어 더 큰 도약을 만들어 준다고 믿고 있다.

°
°

\/\/\/\/\/\/\/\/\/\/\/\/\/\/\/\

사업의 첫출발,
부업과 취미로 해야만 하는 이유

/\/\/\/\/\/\/\/\/\/\/\/\/\/\/\

비록 짧은 경험이지만, 나는 스마트스토어를 대하는 첫출발을 이렇게 하라고 조언하고 싶다.

'사업이지만 처음에는 부업과 취미 정도로 시작하라.'

처음부터 사업이라는 무거운 마음으로 시작하면 초창기 인내의 시간을 견디지 못하게 되고, 마음이 조급해지면서 초조해지기 마련이다. 길고 길 사업의 길에서 처음부터 힘이 빠지고 마음이 짓눌리면 성공하기란 쉽지 않다. 그리고 부업과 취미로 해야만 하는 또 하나의 중요한 이유는 그것이 도약의 계기가 될 수 있는 '타이밍'을 부르는 배경이 될 수 있기 때문이다. 사업가들은 누구나 타이밍이 절묘하게 들어맞아 제품이 날개 돋친 듯 팔리기를 원하지만, 그게 생각보다 쉬운 일이 아니다. 원한다고 타이밍이 맞춰진다면 그 어떤 사업자가 실패하겠는가? 따라서 이러한 타이밍을 부르는 배경에는 여유로운 마음과 인내력이 있어야 하고, 이를 위해서는 다시 스마트스토어를 취미와 부업으로 해야 할 이유가 소환된다. 나 역시 초창기 20~30만 원에 머물렀던 매출이 3,000만 원까지 뛸 수 있었던 것은 취미와 부업으로 시작해서 생긴 여유로운 마음과 절묘한 타이밍이 자연스럽게 결합해서 만들어진 것이다.

아이템 선택, 자신의 어린 시절을 되돌아보라

'어떤 아이템으로 스마트스토어를 시작하면 좋을까요?'

아마 1인 사업자를 꿈꾸는 사람들이라면 누구나 이런 고민을 했을 것이다. '최신 유행을 따라가면 돈이 되지 않을까', 아니면 '내가 좋아하는 일을 하는 것이 낫지 않을까' 하는 이 두 가지 생각이 충돌한 적도 있었을 것이다. 나는 후자의 경우로 취미이자 단순한 부업으로 시작했다. 그런데 나이가 들면서 취미를 잃어버린 경우도 충분히 있을 수 있다. 이런 경우에는 '자신의 어린 시절에 무엇을 좋아했는지 되돌아보라'는 말을 해주고 싶다. 나는 초등학교 시절부터 리본이나 귀걸이를 만들어 주변 친구들에게 선물하곤 했다. 어릴 때 막연히 손으로 무엇인가를 만들고 누군가가 그것을 좋아해 주는 것을 보면서 마음이 뿌듯했던 기억이 있다. 중학교 때도 그 취미는 이어져 그때부터는 본격적으로 부자재들을 활용해 귀걸이를 만들었고, 나름 재료도 구해서 초등학생 때보다는 좀 더 그럴듯한 것들을 만들어내 선물하곤 했다. 그때 어머니가 나에게 했던 말씀이 아직도 잊히지 않는다.

"너는 선물하는 즐거움을 아는 아이구나!"

어릴 때 자신의 정체성을 잘 모르는 상태에서 이런 부모님의 한마디는 평생 기억에 남는 말이 되기도 한다. 그리고 결국 이러한 초등학생 때의 취미가 지금은 사업으로 이어지게 되는 결과를 낳았다.

세상의 흐름을 발 빠르게 간파해 최근 유행하는 제품으로 시작해 보고 싶은 마음도 있겠지만, 그것은 지나치게 '사업'으로 접근하는 일이며, 그렇게 되면 부담이라는 피할 수 없는 장애물을 만나게 된다. 어차피 매출이 오를수록 부담은 가질 수밖에 없으니, 그런 것은 나중으로 미루어두어도 된다. 특히 취미로 시작해야 하는 또 하나의 이유는 꾸준함을 담보하기 위해서다. 아마도 해봐서 알겠지만, 크게 관심도 없고, 재미도 없는 일을 꾸준히 하기란 무척 힘들 수밖에 없다. 돈이라는 보상이 되돌아오지 않으면 곧 실망하게 되고 '내가 이걸 왜 하고 있지?'라는 질문을 할 수밖에 없다. 그러나 취미는 이미 그 자체로 자신에 대한 보상이다. 돈이 되느냐의 여부에 상관없이 하다 보면 빠지게 되는 취미. 그리고 이것으로 주업이 아닌 부업 정도로 생각하는 것이 가장 적절한 스마트스토어 초보자의 자세라고 본다. 그런데 여기서 중요한 것은 초창기의 취미이자 부업이 한 단계 업그레이드되기 위해서는 '타이밍'이라는 것이 절실하다.

우연해 보이지만, 우연하지 않았던 절호의 타이밍

한때 아버지는 킥보드를 제조해 판매하실 때가 있었다. 당시 거의 대부분의 킥보드는 그저 검정색 등의 단색 위주로 기능에 충실한 제품이 전부였다. 그런데 아버지께서는 차별화를 위해 킥보드에 청바지 문양을 집어넣는다든지, 혹은 타일 모양을 넣으면서 꽤 화려하게 만드셨던 기억이 있다. 내가 볼 때는 참 재미있는 아이디어였고 소비자들의 호응도 좋을 것이라고 생각했는데, 의의로 시장에서는 큰 반응이 없었다. 지금이야 킥보드는 물론이고 가전제품에도 다양한 문양이 들어가는 것에 비하면, 당시 아버지의 시도는 지나치게 빨랐던 셈이다. 그때 처음으로 '제품에도 타이밍이 필요하구나'라는 사실을 깨달았다.

이런 타이밍의 중요성을 실제로 뼛속 깊이 체감하게 된 것이 바로 코로나19 시대의 '비즈 마스크 목걸이 만들기 세트'

였다. 당시에 마스크가 급격하게 팔리면서 액세서리 마스크 줄도 상당한 판매를 기록하고 있었다. 비즈가 내 주요 아이템이었으니 '그럼 비즈로 마스크 줄을 한번 만들어 볼까?'라는 생각은 매우 자연스러웠다. 그리고 그것은 생각지도 못했던 '타이밍의 횃불'에 불을 붙였다. 처음에는 '이게 뭐지?'라는 생각이 들 정도로 점점 매출이 상승하더니 급기야 순식간에 1,000만 원, 2,000만 원을 넘어섰다. 정말이지 화들짝 놀란 것은 정작 그것을 만들어 팔던 나였다. 제품의 질이 아주 뛰어나거나 디자인이 화려하기보다는 일단 비즈로 만든 마스크 줄이 없었던 이유도 있었고, 또 쿠팡에서의 노출도 큰 도움이 되었다. 하지만 취미이자 부업으로 시작하자는 마음을 단단히 먹고 있었기 때문에 '마치 유튜브의 알고리즘처럼 지금은 많이 노출되지만, 이게 몇 달이나 가겠어?'라는 생각으로 편안하고 여유롭게 대처하려고 했다. 물론 대량 주문을 감당하려니 몸과 마음은 급할 수밖에 없었다. 알던 동생의 친구, 친구의 친구까지 죄다 끌어모아 아르바이트를 시켰고, 힘들었지만 '이번 타이밍이 지나면 곧 사그라들 테니까 그때까지만 버텨보자'라는 생각이 강했다.

그런데 그게 아니었다. 타이밍의 힘은 생각보다 강했고 거

세계 유지됐다. 4개월이 지나도, 6개월이 다 되어도 비즈 마스크 목걸이의 인기는 식을 줄 몰랐다. 그리고 그사이에 또다시 만든 제품들이 꾸준하게 팔리면서 결국 현재 '샤론델'의 기초를 튼튼하게 다질 수 있는 계기가 마련되었다.

심각하고 깊은 고민 끝에 차별화된 디자인과 제품을 만들어도 그것이 소비자의 호응을 얻지 못할 수도 있다. 하지만 내 경우처럼 '마스크가 많이 팔리니까, 마스크 줄을 만들어볼까?'라고 간단하게 생각한 것이 의외로 엄청난 소비자의 호응을 얻을 수도 있다. 그런 점에서 혹시 이 타이밍이라는 것을 순전히 '운'이라고 생각할지도 모르겠다. 그러나 그것이 비록 운의 모습으로 나타날지언정, 그 배경에는 사업을 취미와 부업으로 시작했을 때의 여유로운 마음이 자리 잡고 있다. '무엇을 해야 큰돈을 벌 수 있을까?'라는 조급한 마음이었다면 다양한 시도를 하면서 실패하고, 비용도 더 많이 들었을지도 모를 일이다. 또 기운이 소진해 더 새로운 것을 해 볼 마음이 사라졌을 수도 있다. 하지만 코로나19라는 외부 환경이 오히려 나에게 '다가왔다'라고 말하는 편이 맞을 것이다. 이처럼 트렌드를 따라가려는 급한 마음보다는 그것을 지켜보며 나만의 기회를 찾으려는 느긋한 마음이 오히려 도움이 될 수 있다.

　'시작이 반'이라는 말이 있다. 시작만 해도 이미 반이니 참 즐거운 일이지만, 그 시작 자체를 쉽고 가벼운 마음으로 하니 얼마나 더 즐거울까? 타이밍을 좇지 말고 타이밍을 잡을 수 있는 환경을 먼저 만들어 놓을 때 자신이 하는 스마트스토어의 미래도 밝아질 것이다.

사업으로 내 월급만큼 벌어도 불안해지는 이유

스마트스토어 사업이 어느 정도 안착되기 시작하면, 언젠가는 본업으로 전환해야 할 때가 오게 된다. 처음에는 부업으로 하더라도 주문량이 늘어나게 되면 점점 업무량과 시간을 감당할 수가 없기 때문이다. 그런데 이 본업화하는 과정에서 크게 두 가지 리스크를 주의해야 한다. 하나는 지나친 몰입으로 인한 불안감이고 또 하나는 외로움이다.

일단 부업으로 할 때는 마음이 매우 가볍다. 이번 달 매출이 다소 줄었다고 해도 '뭐 그럴수도 있지'라며 어느 정도 가볍게 넘길 만한 여유가 생긴다. 그런데 본업으로 하게 되면 설사 자신의 월급 정도의 수입을 올린다고 하더라도 불안감은 더 가중될 수도 있다. 얼핏 생각하기에는 '사업해서 자기 월급 정도만 벌어도 충분한 거 아니야?'라고 할 수 있다. 그런데 직장인과 사업자는 엄연히 다르다. 직장인은 회사에서 4대 보험료도 책임져주고, 식대도 챙겨주고, 각종 복지도 제공해 준다. 당연히 퇴직금도 차곡차곡 쌓인다. 게다가 큰 문제가 없다면 자연스럽게 승진도 기대해 볼 수 있으니 시간이 흐를수록 경제적으로 상황이 나아질 수 있다. 그런데 사업자는 완전히 다른 환경이다. 퇴직금도 없고, 복지제도도 없고, 식대도 자기 돈으로 써야 하니 엄밀하게 사업자가 과거 자신의 월급만큼만 벌면 분명 손해다. 따라서 이런 생각이 점점 강해지다 보면 매달 매출에 대해 급속도로 신경을 쓰게 되고 예민해지게 된다. 사업 초창기에 멘탈이 무너지는 사람들은 보통 이런 이유가 상당수를 차지한다.

본업화했을 때 겪게 되는 두 번째 리스크는 바로 외로움이다. 부업으로 시작했다면 일반적으로는 함께 시작한 사람이 있는 경우가 많다. 또 설사 혼자 시작했다고 해도 직장생활에서 경험한 '누군가와 함께 일하는 분위기'에 매우 익숙해져 있을 것이다. 직장에서처럼 문제가 있으면 물어볼 선배도 있고, 친절하게 도움을 받으면 금세 문제를 해결할 수 있다고 생각하기 쉽다. 또 처음에는 '회사에서 일할 때와는 다르게 인간관계에 별문제 없이 나 혼자 자유롭게 일할 수 있으니까 너무 좋겠다!'라는 생각이 들 것이다. 그러나 생각보다 그 기간이 짧아 딱 몇 개월 정도만 자유로울 뿐이다. 내 경우에도 처음에는 그 자유를 만끽했지만, 1년도 채 안 되어 나에게 주어진 자유가 더 이상 자유롭지 않았다. 동업자가 여전히 남아 있다면 그나마 도움이 될 수도 있지만, 이러저러한 이유로 인해 독립해야 할 경우도 있고, 나 역시도 마찬가지였다.

사실 부업으로 했던 일을 이제 본격적으로 본업으로 한다면 정말 즐거운 일일 것이다. 부업으로 조금씩 탄탄하게 다져온 내 금쪽같은 사업을 드디어 본업으로 삼아 힘차게 세상에 날아오를 일만 남았다고 생각하기 때문이다. 하지만 새로운 도전에는 과거보다 더 나은 기회도 있겠지만, 그만큼의 부담과 어려움도 함께 찾아오기 마련이다. 그렇기 때문에 본업화했을 때 생기는 그 부담감을 사전에 알고 스마트스토어 사업을 시작한다면 훨씬 도움이 될 것이다.

샤론멜 사무실의
하루는 어떨까?

스마트스토어 사업자들이 가지고 있는 가장 큰 환상 중 하나는, 자기 사업을 하면 하루하루가 즐겁고 신날 것이라는 예상이다. 수년간 직장에서 일해도 버는 돈이라고 해 봐야 월급과 보너스, 그리고 승진으로 주어지는 약간의 권한에 불과하다. 그러나 사업을 해서 스스로 사장이 되면 회사 전체를 운영할 수 있는 권한뿐만 아니라 자신의 월급을 자신이 책정할 수 있고 또 계속 올릴 수도 있으니 '이보다 더 좋은 일이 또 어디 있냐'라고 생각할 수 있다. 하지만 사업이 잘 되면 잘 될수록 하루의 일과는 직장인보다 더 엄격하게 시간을 지켜야 하고, 거의 기계적인 삶에 익숙해져야 한다. 물론 월급보다 훨씬 더 많은 돈을 벌 수 있지만, 사장이 감당해야 할 업무량에 비하면 사실 그 정도 월급은 그리 큰 메리트가 아닐 수도 있다. 초창기에는 언제나 꿈과 희망을 가져야 하겠지만, 꽃길만 바라보다가 갑자기 진흙탕에 빠지게 되면 적지 않게 당황할 수밖에 없다. 그래서 1인 사업자가 걸어가야 할 그 고난과 힘든 길을 미리 살펴보는 것도 큰 도움이 될 수 있다. 자, 지금부터 두명의 정직원, 그리고 아르바이트생들과 함께 일하는 샤론델 사장의 때론 지치고 힘든 하루 일과를 살펴보자.

틈새와 여유가 없는 하루

회사에서 제일 먼저 출근하는 사람은 직원들이 아니라 사장이다. 지난밤 1시쯤에 잠든 후 대략 아침 6~7시에 출근해서 제일 먼저 하는 일은 밤새 들어온 주문을 확인하고 광고 효율을 확인하는 것이다. 어쩌면 하루 중에서 가장 긴장되는 순간이기도 하다. 얼마나 주문이 들어왔을까? 계절적인 요인도 분석하고, 특별한 이벤트가 있었는지를 감안하면서 매출을 분석한 다음 하루의 광고비를 베팅한다. 그렇게 하루 중 제일 중요한 일들을 마무리하는 시간이 되면 직원들이 출근한다. 출근하는 직원들을 보면 반가운 마음이 가득하지만, 한편으로는 컨디션이 괜찮은지, 기분은 좋은지 표정을 보며 직원들의 눈치를 살핀다. 대기업이라면 직원들이 회장님의 눈치를 살피겠지만, 우리처럼 작은 회사는 어김없이 정반대다. 물론 자신의 컨디션, 혹은 기분이 좋지 않다고 업무를 게을리하는 직원들은 아니지만, 그래도 문제가 있다면 그걸 케어해 줄 사람은 결국 사장밖에 없다.

가벼운 잡담과 커피 한잔을 하며 직원들은 그때부터 업무에 돌입하기 시작하고, 이후부터는 모든 것이 자동화되어 굴러간다. '자동화'라는 것이 모든 일이 시스템에 맞게 착착 돌아간다는 긍정적인 의미도 있겠지만, 그 사이사이에 여유와 틈새가 없다는 의미이기도 하다. 그때부터는 하루 종일 각자 맡은 업무에 몰입하면서 주문에 대응한다. 이렇게 보면 사장은 참 편할 것 같지만, 절대 그렇지 않다. 간밤에 있었던 고객

문의와 불만에 응대해야 하는 CS 작업도 해야 하고, 매출이 떨어지면 그 원인을 파악해야 하고, 주문이 많이 밀려 오늘 다 마무리하지 못할까 봐 새가슴이 되어 노심초사한다. 직원을 통해 예상치 못한 문제가 있다는 이야기가 들리면 어떻게 해결할까 또 고민이다.

점심 식사는 그나마 사무실 밖으로 나가 여유 있는 한때를 즐길 수도 있지 않느냐고 할 수 있겠지만, 언감생심이다. 건물에 있는 직원들이 한꺼번에 엘리베이터로 몰리기 때문에 그걸 타고 오르내리는 것만 해도 30분은 족히 걸린다. 그래서 성수기 시즌에는 거의 대부분 배달음식으로 해결할 수밖에 없다.

특히 스마트스토어의 마감 단위는 '하루'다. 정해진 시간 안에 제품을 모두 준비하고 송장을 뽑고 택배 기사에게 넘겨야만 한다. '분초를 다투는 일'까지는 아니어도 분명 '몇 시 몇 분까지는 다투는 일'이라고 봐야 한다. 만약 하루의 데드라인을 지키지 못했을 경우 그 모든 책임은 딱 한 사람, 사장인 내가 져야 한다.

찡찡거리지 말고 정신 차리자

그렇게 하루의 일은 저녁 퇴근 시간까지 정교하게 진행되고, 이제 거의 마무리할 시간이 다가온다. 번잡한 하루를 끝낸 후 깔끔하게 청소하고 마무리하면 좋겠지만, 과연 누구를 시킬 수 있을까? 기진맥진한 직원들에게 "얘들아, 청소 좀 하고 가자!"라고 말하면 속이 시원하겠지만, 차라리 내가 하는 편이 훨씬 낫다. 사장이라고 궂은일을 안 해도 된다고 생각하면 큰 오산이다. 그렇게 모든 일을 처리하고 집으로 돌아오면 11~12시 경이고, 새벽 1시가 다 돼서야 겨우 잠들 수 있다. 이러한 스케줄이 1년 내내 계속되면 아무리 생존력이 강한 사람도 번아웃에 이르게 된다. 남자친구를 사귈 시간도 없고, 직원들 간에 회식도 없으니 결국 그 모든 부담감, 외로움, 스트레스는 온전히 내가 감당해야 할 몫이다. '그래도 직장에 다닐 때보다 돈이라도 많이 버니까 다행이고 행복하지 않냐'라고 반문할 수도 있다. 그러나 나보다 훨씬 돈을 많이 버는 사람들도 행복하지 않은 경우가 많다. 물론 일에 대한 자부심과 성취감은 있겠지만 월급보다 많은 돈을 번다고, 내 회사가 있다고 그것이 힘들지 않을 것이라는 예상은 지나치게 단순한 생각이다. 한번은 일에 지쳐 직원들에게 이런 꼰대 같은 질문을 한 적도 있다.

"얘들아, 너희들은 사는 낙이 뭐니?"

질문만 보면 피곤에 지친 50대 사장이 20~30대 직원들에게 새로운 희망이라도 찾아보기 위한 마지막 호소인 것처럼 들리기도 한다. 그런데 고작해야 30대 초반밖에 안 되는 내가 20대 초중반 직원들에게 이런 질문을 하다니…. 생각해 보니 당시 나도 힘들긴 많이 힘들었나 보다.

그래서 한번은 친구에게 이런 고민을 털어놓았더니 '독서 모임에 참여해 보는 것이 어떻겠느냐'라는 제안을 해주었다. 이후 독서 모임에 참여하면서 책을 통해서도 적지 않은 위로를 받았지만, 더 큰 위로를 준 것은 바로 나보다 더 열정적이고 삶을 즐겼던 참석자들이었다. 그들은 자신들의 일에 열정적이고 매우 긍정적이었다. 당시 가장 지쳐 있던 시기에 알게 된 친구들이 있다. 동갑이었던 그들 중 한 명은 금융업에 종사했고, 또 다른 한 명은 미국으로 이민 갈 준비를 하던 간호사였다. 매 순간 자신의 삶에 최선을 다하며 일상을 즐겁게 이어가는 그들의 모습을 보면서 반성도 많이 했다. 5년을 넘어 근 10년 가까이 자신이 꿈꾸는 직업을 이루고자 노력하고, 또 그 꿈을 실현해 하루하루 최선을 다하는 그들의 모습을 보면서 힘들다며 찡찡거렸던 나에 대해 다시금 생각할 기회를 가질 수 있었다.

차라리 혼자서 사업을 할 때가 좀 더 여유가 있었을 수도 있다. 방안 가득 쌓인 택배 상자를 보면서 흐뭇해하기도 했고, 내 사업의 출발이 순조롭다는 사실에 자부심이 느껴지기도 했다. 그런데 회사가 점점 커지고 함께 일하는 직원과 아르바이트생이 많아지면서 밀려오는 중압감은 일상의 모든 분야에서 압박해 오곤 했다.

물론 지금까지의 이야기는 일상의 힘든 부분만 간추리고 압축적으로 보여준 것이다. 이러한 힘든 부분을 훨씬 넘어서는 희망과 비전은 이야기하지 않았다. 그러나 이 부분을 유독 꼭 짚어서 얘기한 것은 결코 스마트스토어 1인 사업자의 삶이 '꽃길'만은 아니라는 점을 강조하기 위한 것이다. 아마도 사업이 점점 커지다 보면 분명 '아, 그래서 샤론델 대표가 책에서 그런 이야기를 했구나!' 하고 깨달을 때가 올 것이다. 하지만 내가 그랬듯, 더 힘들게 살면서도 더 긍정적으로 삶을 대하는 분들도 많으니 찡찡대지 말고 이겨낼 수 있기를 기대해 본다.

사장에게도 워라벨이 필요할까요?

나 역시 직장에 다닐 때는 '워라벨'이 절대적으로 필요하다고 느꼈다. 몸을 불태워가며 지나치게 열심히 할 필요를 느끼지 못했기 때문이다. 물론 업무에 대한 성취욕이야 당연히 있는 것이지만, 그렇다고 그것이 워라벨의 한계를 넘을 필요는 없다고 여겼다. 그런데 사장이 되고 나서는 워라벨에 대한 생각이 완전히 달라질 수밖에 없었다. 직원들의 워라벨은 당연히 지켜주어야 하지만, 정작 나 자신은 워라벨 자체를 즐길 수 없었다. 물론 나 역시 직장생활 할 때를 되돌아보면 자주 이런 생각을 하곤 했다.

'오후 6시가 왜 이렇게 안 오는지. 참, 시간 겁나게 안 가네.'

그런데 지금 생각해 보면 그게 '내 일'이 아니었기

때문이다. 사장이란 직함을 가지고 일하다 보니 일은 해도 해도 끝이 나질 않았고, 하루는 또 왜 이렇게 짧은지 원망스러울 정도였다. 직장을 다닐 때는 일이 끝나면 '아, 빨리 집에 가야지'라는 생각이었지만, 사장이 되고 나서부터는 일이 끝나면 '아, 그럼 또 다른 일을 해야지'라는 생각이 들었다. 이렇게 하면 결국 그 끝에는 번아웃이 기다리고 있다는 사실을 알면서도 하나하나의 일을 처리해 가는 즐거움, 그리고 거기서 느끼는 희열 때문에 일을 놓지 못하고 매 순간 끝까지 밀어붙이게 되었다. 사장에게도 분명 워라벨이 필요하지만, 잘 제어하지 못하고 계속 일에 빠져드는 게 문제다. 그러다 보니 '내 회사를 가지면 좀 더 편하고 즐겁게 일할 수 있겠다'라고 생각할 수 없다. '즐겁게' 일할 수는 있어도 '편하게' 일하기란 쉽지 않은 일이다.

제품과 서비스 차별화의
자연스러운 비밀

지금 막 스마트스토어 사업을 시작하려는 사람이라면 기존에 이미 자리 잡고 있는 거대한 시장에 숨이 막힐 것이다. 자신이 야심 차게 준비한 사업 아이템이라고 생각한 상품이 이미 버젓이 판매되고 있다는 사실을 경험하거나, 혹은 내가 진입하려는 시장에 이미 강력한 기득권을 차지한 대형 경쟁사가 있다면 그간의 자신감이 무너지기도 한다. 그래서 결국 끊임없이 생각하는 것이 '차별화'일 수밖에 없다. 물론 차별화만 있다면 굳이 기존에 형성된 시장을 지나치게 두려워할 필요는 없다. 따지고 보면 언제든 경쟁자는 무너질 수가 있고, 수시로 시장의 흐름이 바뀌기 때문에 지금 당장은 사업의 시작이 버거워 보여도 얼마든지 내가 새로운 강자가 될 수 있다는 자신감을 잃어서는 안 된다. 하지만 이는 비교적 긴 시간이 필요한 일이기 때문에 어쨌든 단기간의 차별화를 하려는 열망이 생기기 마련이다. 내 경험에 의하면 이러한 차별화란 그리 멀리 있는 것만은 아니다. 때로는 사소한 차별화가 소비자의 눈에서 '와, 바로 이거야!'라는 큰 만족감을 줄 수도 있기 때문이다.

위험천만한 경험

다른 제품과 비교하여 샤론델의 비즈 DIY 키트 제품이 가진 하나의 차별점은 제품의 완성도를 높이는 본드에 있다. 그런데 처음부터 본드를 차별화의 포인트로 잡는 것은 쉬운 일이 아니었다. 본드란 비즈 공예의 본질적인 부분이 아닌데다, 일반인들에게는 본드가 일상 용품이 아니기 때문이다.

　나에게는 본드와 관련된 매우 아픈 기억이 하나 있다. 어렸을 때부터 만들기를 좋아하다 보니 늘 내 곁에는 본드가 있었고, 작품의 완성을 위해서도 본드는 필수품이자 일상 용품이었다. 그런데 당시 사용하던 대부분의 본드는 액체형이었고, 용량도 매우 커서 수만 번을 써야 다 쓸 수 있는 대용량이었다. 그러던 어느 날 새벽, '툭' 하고 본드가 눈에 튄 적이 있었다. 비즈를 우레탄 줄에 다 꿰고 매듭을 짓는 과정에서 매듭 부분에 본드를 칠해야 고정이 된다. 그런데 우레탄 줄 자체가 가지고 있는 탄성 때문에 줄이 당겨지면서 매듭에 묻은 본드가 내 눈에 튄 것이다. 급히 병원 응급실로 달려가 각막 표면을 긁어내는 위험천만한 시술을 해야만 했다. 이때 나보다 어머님이 더 놀라신 것은 당연한 일이었다. 그때 처음으로 어머니는 나의 취미 생활에 대해 '하지 않았으면 좋겠다'라고 말씀하실 정도였다.

　물론 그 뒤에도 나의 취미 생활은 조심스럽게 계속되기는 했지만, 막상 사업을 시작하다 보니 과거의 경험이 떠올랐다. '혹시라도 액체 본드를 사용하다 고객의 눈에 튀면 어쩌지?' 어떻게 보면 사용상의 문제는 고객이 책임져야 할 것이지 내가 책임질 일은 아니었다. 그러나 그러한 사소한 문제까지 해결하고 싶었고, 결국 소형의 젤 타입 본드를 찾아내 공급해야겠다고 생각했다. 그러나 쿠팡에서의 인증 절차가 꽤 까다로웠고 생각보다 시간이 많이 걸렸지만, 누구 하나라도 어릴 때의 나처럼 각막을 긁어내는 일은 없어야 한다는 신념은 견고했다. 실제 소비자들의 반응도 매우 좋았다. 액체 본드는 흘러내리는 경우가 많아 비즈 원자재가 손상되는 일이 많았고, 작업을 한 뒤의 자리도 지저분했지만, 젤 형태는 훨씬 더 깔끔하게 작업할 수 있었기 때문이다. 더구나 튀어서 눈이나 피부에 닿을 일도 없었다. 이후 본드를 사용하는 여러 사업자들이 액체형에서 젤 형태로 바꾸었다는 이야기를 들은 후 내가 뭔가 변화를 이끌어 내고 차별화할 수 있었다는 점에서 뿌듯함을 느꼈다.

자연스러운 차별화의 과정

중요한 점은 이러한 차별화가 그리 대단한 고민이나 오랜 연구 끝에 만들어진 것이 아니라는 사실이다. 본드를 액체형에서 젤 형태로 바꾼 것은 그저 나의 경험에 의한 것에 불과했고, '액세서리 DIY 키트'라는 개념 역시 따지고 보면 그저 내 취미 생활의 방식을 그대로 상업화한 것에 불과했다. 남들이 볼 때는 대단한 기획이라고 여길 수도 있겠지만, 나에게는 매우 자연스러운 과정일 뿐이었다.

차별화라는 것을 매우 단순화해 보면 단지 '남들이 생각하지 못하거나 느끼지 못한 영역'에 불과하다. 그러나 이런 것들은 억지로 하려고 해서는 달성할 수 없는 것이다. 그것에 애정을 가지고, 꾸준히 스스로 사용하고, 체험하다 보면 자연스럽게 생겨나기 때문이다. 따라서 그것은 이성의 영역이 아닌, 감각과 감성의 영역, 혹은 습관의 영역이기도 하다.

지금 자신이 뭔가 새로운 상품을 기획하고 차별화를 꾀한다면, 정작 지금부터 염두에 두어야 할 것은 대단한 기획이나 연구가 아니다. 애정을 가지고 꾸준하게 가까이 두고 자신의 애용품, 일상 용품처럼 제품을 다루었을 때 자연스럽게 차별화가 될 수 있을 것이다.

오프라인이 잘 안됐는데, 온라인이라고 잘 될까요?

스마트스토어를 새로 시작하는 사람이라고 해서 무조건 장사나 영업에 경험이 없는 완전 초보자만 있는 것은 아니다. 의외로 오프라인 매장을 운영했지만, 잘 되지 않았던 사람들 중에 '이번에 나도 한번 온라인에 도전해 볼까?'라는 생각으로 새롭게 시작하는 경우도 많다. 비록 오프라인에서 성공이라고 할 만한 경험이 없었어도 최소한의 장사 경험이 있다 보니 '그래도 좀 더 유리하지 않을까'라고 생각할 수도 있다. 게다가 물류, 재고, 신상품 입고 등에서 충분한 경험이 있기 때문에 객관적으로 온라인 초보자와는 비교하기 힘들다고 볼 수도 있다.

그런데 한번 이렇게 생각해 보자. 실력이 별로인 축구 선수가 갑자기 야구를 한다고 해서 잘할 수 있을까? '둘 다 공을 다루고 필드에서 하는 종목이니 그래도 유리한 면이 있지 않을까?'라고 생각할 수도 있다. 그러나 축구에서도 실력을 발휘하지 못했던 사람이 야구를 한다고 해서 갑자기 더 잘할 것이라고 보기는 쉽지 않다. 특히 축구와 야구는 게임의 룰이 다르고 필요한 신체 능력도 다르다.

함께 일하는 아르바이트생 중에는 오프라인을 경험한 사람이 꽤 있다. 직접 매장을 차려봤거나, 혹은 매장에서 일해 본 사람들이 많다. 그런데 대체로 오프라인이 잘되지 않아서 온라인으로 바꿔보려는 분들이다. 그분들의 이야기를 들어보면, 오프라인에 대한 감은 있지만, 온라인에 대한 감은 전혀 없다고 말하는 경우가 많다. 그러니 일단 배우기 위해서라도 스마트스토어 업체에서 아르바이트를 경험하는 것이다. 그런데 내 경험상, 대체로 오프라인에서 성공할 가능성이 낮으면, 온라인에서도 성공할 가능성이 낮다. 앞에서도 언급했지만, 축구에서 별 볼 일 없던 선수가 갑자기 야구를 한다고 해서 명타자, 명수비수가 되기는 쉽지 않기 때문이다. 그런데 사실 이렇게 말하는 것은 내가 오프라인 사업을 우습게 보거나 온라인보다 수준이 낮다고 생각하기 때문은 아니다. 사실은 정반대다. 만약 온라인 사업을 하는 나에게 오프라인 사업도 겸하라고 한다면 도저히 감당이 안 될 것 같다. 매장에 사람이 앉아 있어야 하고, 영업시간이 정해져 있고, 권리금도 주고 사업을 시작해야 한다면 도저히 도전할 용기가 나지 않는다. 그래서 오프라인으로 성공한 사람들을 보면 정말로 신기하고 대단하다고 여겨진다. 다만 오프라인이 안 돼서 온라인을 하려는 사람이 있다면, 과거의 경험에 대한 자신감을 가지기보다는 오히려 좀 더 열심히 배우는 편이 낫지 않을까. 물론 어디서나 자신감은 중요하지만, '과거의 내 경험이 여전히 먹힐 거야'라고 생각하면 큰 오산이다.

또 하나 중요한 점은 온라인과 오프라인에서 각각 어느 정도의 성과를 낸 사람들은 상대 쪽으로 넘어갈 시도를 잘하지 않는 경향이 있다. 예를 들어 오프라인에서 꽤 만족할 만한 성과를 내고 있어서, 한마디로 '오프라인의 맛'을 본 사람이라면 계속해서 매장을 늘리려고 하는 경향이 일반적이다. 잘 알지도 못하는 온라인에 도전할 생각조차 하지 않는 경우가 흔하기 때문이다. 만약 정말 사업 확장을 위해 온라인으로 진출한다면 보통 직원을 따로 두고 하는 경우가 많다. 반대로 온라인에서 성과를 거둔 사람 역시 오프라인으로 쉽게 넘어가지 않는다. 온라인보다 훨씬 복잡해 보이고 부대비용도 더 많이 드는 오프라인에 굳이 진입할 필요가 없다고 생각하기 때문이다. 따라서 '오프라인이 잘 안되니까 온라인이나 해볼까?'라고 하는 것은 '딱히 할 게 없으니까 식당이나 해볼까?'라는 말과 다름없다. 그런데 식당이라는 것이 그리 만만치 않다는 점을 알아야 한다.

취향과 트렌드에 대한 기준, 어떻게 세워야 하나?

스마트스토어 사업을 위한 제품군을 정했다면, 그때부터 밀려드는 고민은 '고객은 대체 어떤 취향을 좋아하고 요즘 트렌드는 무엇일까?'라는 점이다. 내가 사고 싶고, 내가 쓰는 게 아닌 이상, 불특정 다수의 대중들이 좋아하는 대세 취향과 트렌드를 반영하는 것은 매우 당연한 일이다. 그런데 이게 참 골치 아픈 문제다. 취향이라는 것이 단순한 기준에 의해서 만들어지는 것도 아니고, 한번 만들어졌다고 해서 결코 변하지 않는 것도 아니다. 심지어는 너무 빠르게 변해 정신이 없을 정도다. 뿐만 아니라 내가 볼 때 다른 사람의 취향이 '도저히 이해할 수 없는 것'이기도 하지만, 반대로 다른 사람이 나의 취향을 볼 때 '도저히 이해할 수 없는 것'이기도 하다. 과연 이렇게 서로 상반되는 것을 우리는 정말 이해할 수 있을까? 그래서 어쩌면 정작 필요한 것은 다시 '나 자신'에게로 돌아가는 일이다.

연예인들에 대한 고마움

취미나 부업으로 스마트스토어 사업을 시작하는 사람들은 소비자의 취향에 대해 '고민'하고 '생각'을 하지만, 고수들은 전혀 다른 방법을 사용한다. 그것은 바로 '연구'와 '분석'이다. 많은 데이터로 시기별 고객의 키워드를 면밀하게 분석하고 경쟁의 강도, 가격 경쟁력을 분석해서 승산이 있겠다 싶으면 광고비를 엄청나게 쓰면서 과감하게 영업을 한다. 그 분석이 안 맞으면 쪽박일 수도 있겠지만, 맞으면 말 그대로 대박 행진이다. 물론 오랜 숙련의 경험을 통해 처참한 쪽박까지는 가지 않으니, 이래저래 고수들은 시장에서 큰 실패 없이 자신의 사업을 영위해 나간다.

그런데 일반인들이 이런 방법을 쓰기란 불가능에 가깝다. 일단 시장에 대한 감 자체가 없는 상태에서 연구나 분석을 하는 것 자체가 힘들기 때문이다. 그렇다면 초보자들은 그냥 아무런 기준도, 접근의 툴도 없는 상태에서 막무가내로 취향과 트렌드를 파악해야 하는 것일까? 나 역시 초기에는 이런 고민을 적지 않게 했었다. 그런데 일련의 우연한 일들을 겪으면서 나름의 결론을 내린 게 하나 있다. 그것은 바로 '나의 취향'으로 되돌아오는 일이다. 결론부터 말하면 '내가 좋아하는 제품이라면, 분명 그 제품을 좋아하는 사람이 있기 마련이다'라는 점이다.

2021년에 중국에서 직수입한 머리핀이 있었는데, 잘 팔리지 않아서 그냥 직원들끼리 나눠서 사용하기도 하고, 나머지는 사무실 한쪽 구석에 방치되다시피 했다. 그런데 2022년 6월경, 갑자기 그 제품이 하나둘씩 팔리기 시작해서 '이상하네. 이게 왜 팔리지?'라는 생각을 하고 있었다. 그런데 시간이 흐를수록 점점 더 많이 팔리기 시작하더니 어느덧 전 직원을 바쁘게 만들 정도로 판매가 올라가기 시작했다. 알고 봤더니 가수이자 연기자인 아이유 씨가 칸 영화제에서 그 머리핀을 했던 것이다. 사람들이 검색을 타고 들어와 한 2주 정도는 정말 눈코 뜰 새 없이 바빴던 기억이 있다.

이와 비슷한 사례는 또 있다. 갑자기 특정 비즈 제품이 잘 팔리기 시작해 우리는 또 '혹시 연예인이 착용했나?'라는 즐거운 상상을 하기 시작했다. 그런데 이런 상상은 현실이 되었다. 인기가수 임영웅 씨가 우리 제품과 비슷한 무지개 형태의 비즈 액세서리를 하고 방송에 나온 것이다. 특히 콘서트 기간에 그 비즈를 착용했기 때문에 팬들 사이에서 난리가 난 상황이었다. 이 제품 역시 판매가 부진했던 제품이었으나 팔리기 시작한 이후 수요가 공급을 따라가지 못해 고객들의 문의가 꽤 많이 들어왔었다.

우선 '나'로부터 시작해야 하는 이유

연예인이 우리 회사 제품이나 혹은 비슷한 제품을 사용한 것은 분명 우연이다. 그렇다고 그러한 우연을 기대하고 사업을 할 수는 없는 노릇이다. 그런데 여기서 한 가지 중요한 사실은 바로 아이유 씨가 한 머리핀이나, 임영웅 씨가 한 비즈 팔찌 모두 '나의 취향'에 맞춰서 제품을 구비한 것이라는 점이다. 사실 일반인인 우리들은 '나의 취향'과 '연예인의 취향'이 같을 것이라는 생각을 잘 하지 못한다. 연예인이라면 워낙 돈도 많고 눈도 높으니까 일반인인 우리가 그들의 취향과 비교를 한다는 것 자체가 불가능할 것이라고 여기기 때문이다. 물론 분명히 그런 부분도 있겠지만, 어쩌면 우리는 연예인의 취향을 너무 수준이 높고 고상하게 생각하고 있는지도 모른다. 아이유 씨도, 임영웅 씨도 분명 그 머리핀과 팔찌가 마음에 들었기 때문에 착용했을 것이다. 그렇다면 내가 마음에 들어 했던 취향과 크게 다르지 않다고 볼 수 있다. 내가 대단한 취향을 가지고 있지 않은 이상, 사실 누구나 연예인의 취향과 비슷할 수 있는 가능성은 얼마든지 열려 있다. 따라서 제품군을 선택한 뒤 구체적인 취향의 문제에 직면했을 때는 일단 '나의 취향'을 중심으로 하는 것이 가장 안전한 첫 번째 방법이 될 수 있다. 물론 그것이 처음에는 별로 효과를 보지 못해도 상관없다. 그런 식으로 나의 취향부터 하나씩 점검하면서 그것이 얼마나 소비자들에게 어필하는지를 파악하는 것만으로도 충분히 가치 있고 의미 있는 일이기 때문이다. 그리고 이렇게 하나하나 취향에 대한 데이터를 모아 나가다 보면, 어느 순간에는 말 그대로 내가 느끼는 감(感)이 곧 대중의 취향이고 트렌드가 될 수 있는 날이 올 수 있을 것이다.

아이템 선정시 고려해야 할 건 무엇이 있을까요?

직접 제품 사입과 포장 작업, 배송 등을 해보지 않으면 그 과정이 매우 간단하게 느껴지거나 별 어려움이 없을 것이라고 막연하게 예상하기 쉽다. '제품이야 뭐 주문 들어오는 대로 포장하고 송장 붙여서 보내면 되지 않아?'라고 간단하게 생각해 버리는 것이다. 그런데 이 작업이 의외로 시간도 오래 걸리고 손도 많이 가서 번거로울 때가 있다. 또 시즌을 심하게 타기도 하고, 특정 사이즈가 빠지지 않도록 신경 써야 하고, 때에 따라서 유통기한이 있다면 복잡한 변수 하나가 더 생기게 된다.

일단 샤론델의 예를 들어보면 DIY 키트다 보니 수작업이 많이 들어간다. 고객의 니즈에 맞게 비즈의 사이즈와 컬러 등을 조화롭게 맞추어 키트를 기획 및 제작하다 보니 판매자로서 신경 쓸게 많다. 게다가 남대문과 같은 도매처에서 제품을 사입할 때는 여러 구슬이 철사에 묶여서 들어온다. 따라서 고객들에게 제품을 전달하기 위해서는 일단 이 철사를 모두 푸는 작업까지 해야만 한다. 불량을 검수하고, 소분도 해야 하며 패키징도 해야 한다. 이런 점에서 다른 아이템을 판매하는 사업자보다는 훨씬 잔일이 많다는 사실을 알 수 있다.

의류업도 마찬가지다. 레드, 블루, 화이트, 블랙 등 색깔을 맞추고 거기에 스몰, 미디움, 라지 등등의 사이즈까지 다 갖춰야 한다. 아무 생각 없이 배송했다가는 나중에 창고에 남은 제품의 수량과 사이즈를 파악하는 것에만 엄청 잔신경을 써야 하는 일이 발생할 수 있다. 또 시즌 성격이 강하면 일은 두 배로 늘어난다. 비즈의 경우에도 시즌성이 굉장히 강한 제품군이다. 음식류라면 당연히 유통기한도 신경 쓰일 수밖에 없다.

물론 이러한 번거로운 작업 때문에 원했던 아이템을 포기하고 다른 아이템을 선택할 수는 없다. 하지만 기본적으로 시작하기 전에 이런 문제를 충분히 생각해 보는 것이 나름의 대책을 세우는 일에 도움이 될 수 있다.

○ ○
○

'정성'이 중요하다는
진부하지만 빛나는 진리

정성.

　사전적인 의미로는 '온갖 힘을 다하려는 참되고 성실한 마음'이다. 듣기만 해도 마음이 움직이는 진정성 있는 단어임에 틀림없다. 누군가가 나에게 이런 정성을 쏟아준다면 어떨까? 아마도 나 역시 그를 정성스럽게 대하는 것은 물론이거니와 특히 마음에 드는 이성이 나에게 이렇듯 참되고 성실한 마음으로 대해준다면 지구 끝까지라도 따라가서 사랑하고 싶은 마음이 들 것이다. 그런데 이 '정성'을 누구보다 신경 써야 할 사람들이 바로 스마트스토어 1인 사업자들이다. 물론 처음에는 누구나 정성스러울 수 있다. 이제 막 플랫폼에 진출한 제품을 구매해 주는 그 소중한 고객 한 명 한 명에게 전화라도 걸어서 '진심으로 고맙다'라는 말을 하고 싶을 정도다. 그런데 시간이 흐를수록 그 마음은 느슨해지고, 정성을 들이는 데 사용되는 에너지와 시간을 줄이고, 그러한 귀찮음을 없애고 싶은 마음이 들 수 있다. 가장 경계해야 할 부분은 바로 이 지점부터다. 고객이 제품을 사랑해 줄수록 내 마음은 더 쉽고, 빠르게 돈을 벌겠다는 욕심으로 채워질 수 있기 때문이다.

추천과 알고리즘, 정성을 약화시키는 요인

사업하는 분들 중에 '초심'을 중요시하는 경우가 많다. 이 초심은 여러 가지로 해석이 가능하겠지만, 고객에 대한 정성, 배려, 아낌없는 마음도 포함될 것이다. 이러한 초심이 약해지는 여러 가지 이유가 있겠지만, 스마트스토어 사업자의 경우에는 '기대하지 않았던 사이트 노출'과 '알고리즘'이 하나의 요인이 된다.

쿠팡의 예를 들어보자. 고객이 제품을 검색하다 보면 이에 따라오는 다양한 키워드들이 있어서 자체적으로 다른 제품군을 추천하는 기능이 제법 된다. 따라서 사업자가 굳이 노력을 기울이지 않아도 이런 추천의 파도를 타게 되면 의외로 제품이 잘 팔리는 경우가 있다. 초보자에게는 꽤 강력한 기능이며, 초기 사업 안착을 자연스럽게 만들어 준다. 게다가 쿠팡의 로켓배송을 믿고 사는 고객들이 의외로 많다. 고객 자신의 스케줄에 맞게 제품을 고르다 보니 일단 로켓배송 제품을 먼저 선택하게 되는데, 그렇게 되면 아무래도 연관 제품이 선택될 가능성도 커지게 된다. 여기에 알고리즘까지 더해지면 매출은 좀 더 날개를 달 수 있다. 고객의 취향에 맞는 알고리즘에 걸리게 되면 역시 사업자는 별도의 노력을 하지 않아도 노출이 되는 행운을 얻을 수 있다.

그런데 이런 '추천-로켓배송 선호에 의한 구매-알고리즘'이라는 이 3가지 요인은 사업자를 다소 편안하게 해주는 것이지만, 동시에 간절했던 초심을 약화시킬 수 있는 악재가 될 수 있다. 그런데 더 큰 문제는 이 3가지 요인을 사업자가 통제하거나 관리할 수 있는 영역이 전혀 아니라는 점이다. 따지고 보면 쿠팡의 의한 추천에 나의 노력이 가미된 부분은 전혀 없고, 더욱이 로켓배송은 나뿐만 아니라 경쟁사도 얼마든지 할 수 있다. 게다가 알고리즘이 어떻게 돌아가는지 아는 사람은 내부 극소수의 전문가들 뿐이다. 따라서 이 역시 사업자가 도저히 접근할 수 없는 분야이며, 자신의 의지가 있다고 해서 알고리즘의 비밀을 파악해 손쉽게 활용할 수 있는 부분도 아니다. 결국 이러한 알 수 없는 요인에 의해 매출이 일시적으로 오른다고 해서 기뻐할 일이 전혀 아니라는 것이다. 하지만 사람은 누구나 좀 더 편안해지고 싶은 마음이 있듯, 판매자도 은연중에 이러한 우연의 요소에 의지하기도 한다.

작고, 소소하고, 값싼 것들의 가치

초심을 잃어버리게 되면 하나의 명확한 징후가 나타난다. 그 중 대표적인 것이 바로 '제품을 묶어서 한 번에 업로드하는 시스템'이다. 다른 스마트스토어 사업자들도 이런 말을 쓰는

지는 모르겠지만, 어쨌든 내가 보기에 초심을 잃어버린 문제
적 상황을 설명하기에 아주 적절한 예라고 본다.

예를 들어 A사업자가 판매하는 제품의 종류가 50개라고
가정해 보자. 그런데 이 50개의 제품을 일일이 홍보하려면 노
력이 많이 든다. 1개부터, 2개, 3개… 48개, 49개, 50개까지
일일이 사진을 찍고 설명해야 하고 업로드를 시켜야 하는 지
루한 작업의 연속이다. 그래서 일부 사업자들은 이런 문제점
을 해결하기 위해 하나의 설명 페이지에 1번부터 50번까지
의 모든 제품을 한꺼번에 걸어 놓게 된다. 그러면 사업자의
입장에서 너무 쉬운 일이 된다. 그리고 '필요한 사람이 알아서
잘 선택하겠지!'라며 마음을 놓게 된다. 문제는 제품을 1개씩
낱개로 올릴 때와 50개를 한꺼번에 묶어서 올렸을 때 소비자
행동의 차이점이다. 1개씩 올라올 때는 마음에 들면 바로 클
릭 한 번으로 '구매하기'나 '장바구니 담기'가 가능하다. 그런
데 50개씩 올라오면 그중에서 고객이 옵션을 일일이 선택해
색깔을 지정하고 크기도 알아서 체크해야 한다. 그렇지 않아
도 성격 급한 한국인에게 고민해야 할 부담을 안겨주는 것이
고, 당연히 구매까지 연결되기 전에 이탈률이 상당히 올라가
게 된다. 이렇듯 사업자는 편하겠지만 소비자는 불편하고 참

으로 정성이 없는, 초심을 잃은 결과가 나타나게 된다.

따라서 아무리 값싼 제품이라도 하나씩, 정성스럽게 낱개로 소개해야 하고, 친절하게 업로드해야 한다. 샤론델에서는 심지어 개당 50~60원 하는 제품 하나라도 일일이 사진을 찍어 올릴 뿐만 아니라 '묶어서 한 번에 업로드'를 하지 않으려고 최대한 노력한다. 어쩌면 이런 디테일한 노력으로 소비자의 입장에서도 충분히 자신이 대접받는다는 느낌을 얻을 수도 있을 것이다.

정성. 어떻게 보면 참 진부한 말일 수도 있다. 그리고 지금처럼 바쁘고 빠르게 돌아가는 세상에서 그 정성을 유지하기란 어려운 일이기도 하다. 그러나 언제 들어도 오래된 클래식 음악은 그것만으로도 충분한 가치가 있듯이 지금의 시대에도 분명 '클래식한 가치'를 지니고 있는 말들이 있고, 그중에서도 가장 대표적인 것을 꼽는다면 단연 '정성'이 아닐까 싶다.

쿠팡물류센터 체험, 해볼 만한 가치가 있을까요?

나의 정식 이력만 본 사람이라면, '꽃길만 걸어왔네!' 라고 생각할지도 모르겠다. 어렸을 때부터 해외 유학을 가고, 성인이 된 이후 대기업 근무, 아나운서 생활, 연애 방송 프로그램 출연, 게다가 성공한 스마트스토어 사업자의 이미지까지… 요즘 청년들에게는 매우 흔한 고생과 절망의 그림자는 1도 없다고 생각할 수 있다. 하지만 실제로는 완전히 다르다. 부모님에게도 말하지 못할 정도로 하루 생활비를 벌기 위해 육체노동 아르바이트를 해본 적이 있었다. 훗날 이 얘기를 어머님께 말씀드렸더니 눈물을 흘리시기도 했다. 특히 남자도 아닌 여자가 하루 12시간씩 밤을 꼬박 세워가며 일하기란 정말 쉽지 않다. 그래도 그 일을 할 수밖에 없었던 것은 바로 다음 날 아르바이트비가 입금된다는 이유 때문이었다. 지금은 별 감정 없이 그 이야기를 할 수 있지만, 당시만 해도 내 마음은 무겁고, 어두웠으며, '세상 참 살기 힘들다'라는 생각으로 가득했었다.

지금으로부터 5년 전이니까 대략 2017년 경이었다. 본격적으로 대기업 취업 준비를 하려는 상황이다 보니 생활비는 부족하고, 취업을 위해 들어가는 돈도 적지 않았다. 늘 부모님에게 손을 벌릴 수도 없는 상황이라 결국 아르바이트를 할 수밖에 없었다. 낮에는 취업을 위한 활동을 해야 했으므로 결국 야간 아르바이트로 눈을 돌릴 수밖에 없었다. 그래서 선택했던 것이 바로 쿠팡물류센터 아르바이트였다. 저녁 7시부터 다음 날 아침 7시까지, 꼬박 12시간을 일해야 하는 강도 높은 아르바이트였다. 게다가 물류센터로 가기 위해서는 1시간 반 정도 일찍 버스를 타야 했기 때문에 아르바이트를 하기 위해 드는 하루 시간은 무려 왕복 15시간 정도였다. 그래도 다행이었던 것은 아침에 집에 들어온 후 녹초가 되어 쓰러졌다가 일어나면 아르바이트비가 바로 입금되어 있었다. 당시에는 훗날 스마트스토어 사업을 할 것이라고는 상상도 하지 못했을 때였다. 하루하루 생활비를 벌 수 있다는 것, 바로 그것이 최대 강점이었다.

오후에 일어나면 다시 이력서를 쓰고, 면접 준비를 하고, 취업이 가능한 회사를 리서치 하는 일을 했으며, 다시 출근 시간이 돌아오면 무거운 몸을 이끌고 물류센터로 향하는 버스를 타야 했다. 비록 2개월이라고 해서 너무 짧다고 볼 수도 있겠지만, 밤낮을 바꿔 생활해야 하는 혹독한 생활은 인생을 재정립할 정도로 많은 생각을 하게 해주었다. 아르바이트를 모두 끝낸 후 나중에야 그간의 사정을 어머님께 말씀드렸더니, 그때부터 혹여라도 쿠팡물류센터 근처를 지날 때면 그곳을 쳐다보지도 않으실 정도였다.

그렇다면 과연 스마트스토어 사업을 하려는 사람들이 이런 힘든 물류센터 체험을 해보는 것이 좋을까? 경험상 오래는 아니어도 단 며칠 정도는 해보는 게 좋다고 생각한다. 사실 그 아르바이트 이후 스마트스토어 사업을 할 때 많은 생각의 확장이 이뤄지기도 했다. 내가 보낸 상품이 어떤 상황을 거쳐서 어떻게 배송이 되는지를 알 수 있었고, 이 넓은 물류센터 안에 우리 상품들이 어디에 배치되어 있을지에 대한 생각도 하게 됐다. 또한 비록 냉정한 비즈니스를 하지만 그곳에서 아르바이트를 하시는 분들에 대한 감사함을 가질 수 있다는 점에서 좋은 생활 태도를 기르는 데 도움이 되지 않을까 하는 생각이 든다.

벤치마킹과 모방,
그리고 원조의 힘

쿠팡 엠베서더로서의 활동은 정말이지 순수하게 초보 사업자를 도와주고 싶은 마음에서 시작했지만, 사실 그 피해는 너무나도 컸다. 나만의 노하우를 공개하는 인터뷰가 많아지면 많아질수록 액세서리 DIY 분야의 경쟁자들에게 노출되는 바람에 매출에 큰 타격을 입기도 했고, 실제로 쿠팡에 하소연을 했을 정도였다. 그런데 이 과정에서 얻게 된 또 하나의 큰 교훈이 있었다. 결국 특정 분야에서 잘 나갈수록 어차피 경쟁자들은 늘어나기 마련이고, 그것을 이겨나가는 것 역시 사업자의 역량이라는 것을 말이다. 그리고 이러한 역량을 키웠을 때 비로소 '진짜 사업가'가 된다는 사실도 깨닫게 되었다. 더 나아가 끝없이 자신을 따라오는 경쟁자들이 우글대는 상황에서 어떻게 하면 현명하게 이를 헤쳐 나갈 수 있는지도 알게 됐다. 아직은 초보자이기 때문에 '누가 나를 따라 하겠어?'라고 생각할 수도 있겠지만, 결코 방심해서는 안 된다.

순수한 마음이 가지고 온 피해

쿠팡 사업자들을 위해 여러 가지 멘토 역할을 해주는 쿠팡 엠베서더는 꼭 하고 싶은 일이기도 했다. 사업을 시작한 지 일정한 기간이 지나고 어느 정도의 매출이 되면 쿠팡에서 엠베서더에 관한 메일이 오게 되는데, 나는 서슴없이 지원했다. 그 이유는 나 역시 누군가에게 아무런 대가 없이 큰 도움을 받았던 시절이 있었기 때문이다.

대학을 가기 위해 검정고시 공부를 하던 시절, 한때 맥도 날드에서 아르바이트를 했던 적이 있었다. 그때 함께 일했던 친구들은 이미 좋은 대학에 입학한 또래들이었다. 당연히 아르바이트를 하면서 만났기 때문에 그리 친할 리가 없었다. 하지만 그들은 검정고시를 준비하는 나에게 공부에 관한 수많은 조언을 해주었고, 그것이 실제 큰 도움이 되었다. 후일 나는 그들 중 한 명의 대학 후배가 되었다. 도움을 요청하지도 않았고, 아무런 대가도 받지 않았던 그 순수한 마음이 그렇게 고마울 수가 없었다. 이것이 바로 쿠팡 엠베서더 지원자 요청 메일을 받았을 때, 나 역시 누군가에게 도움이 될 수 있겠다는 생각이 들었던 이유다. 누군가는 나처럼 어려운 길을 가지 않았으면 하는 바람, 딱 그 이유 하나였다.

막상 지원하고 보니 인터뷰는 물론이고 홍보영상도 찍고 광고도 찍으면서 내가 운영하고 있는 샤론델에 대해 많은 쿠팡 초보 창업자들이 알게 되었다. 그런데 문제는 거기에서부터 시작됐다. 샤론델을 따라 하는 경쟁자들이 급격하게 늘어나면서 매출에 심각한 타격이 생긴 것이다. 중국 쪽에서는 상호명까지 도용할 정도였고, 심지어는 샤론델이란 이름으로 아르바이트 사이트에서 사기 채용을 시도한 경우도 있었다. 이런 일이 있다 보니 어느 날은 경찰관이 사무실로 찾아왔다.

혹시 우리가 직접 채용 사기를 벌였는지 조사를 하기 위해서 였다.

개인적으로는 순수한 마음에서 시작했던 활동이 예상치 못한 피해를 가져와 다시 시간을 되돌리고 싶다는 생각까지 들기도 했지만, 한편으로는 많은 이들에게 도움이 된 것도 틀림없는 사실이다. 이제 남은 것은 하루라도 빨리 상황을 수습하고, 이 난관을 빠져나가야 할 필요가 있었다. 계속해서 누군가가 추격해 오고, 또 경쟁 업체들이 나를 모방하는 과정에서 결국 내가 선택한 것은 다시 처음으로 되돌아가는 일이었다. '샤론델만의 개성과 취향'을 좀 더 본격적으로 추구할 수밖에 없었다.

사실 브랜드라는 것이 대체로 그렇지 않은가? 누군가는 비슷한 옷, 비슷한 가방을 선택하더라도 브랜드라는 것에 좌우되기 마련이고, '역시 원조가 낫지 않아?'라는 생각이 그 브랜드를 선택하게 만든다. 이후 나는 만들어진 제품을 경쟁자들이 모방하기 위해서는 시간이 필요한 만큼, 이제까지 사용하지 않았던 더 새로운 재료를 찾아내고, 모방 제품이 가질 수밖에 없는 낮은 퀄리티를 극복하기 위해 온전히 제품에 집중하고, 우리만이 가질 수 있는 새로움을 만들어내기 시작했다.

벤치마킹과 모방의 차이점

사실 나 역시 벤치마킹은 매우 훌륭한 방법이라고 생각한다. 그래서 나도 많은 스마트스토어와 오프라인 매장들을 돌아다니면서 그들이 만들어 낸 제품을 보며 아이디어를 얻곤 한다. 하지만 벤치마킹과 모방은 엄연히 다른 과정을 거치고, 다른 결과물을 낳는다. 그중에서 가장 중요한 차이점은 바로 '과정'에 집중하느냐, 또는 '결과'에 집중하느냐. 단순한 모방은 그 결과물에만 집중한 나머지 비슷한 모양, 비슷한 색깔을 만들어내는 것에 그친다. 최대한 비슷해야 모방이 완성된다. 반대로 벤치마킹은 결과물이 나오기까지의 과정, 즉 생각의 방법이나 아이디어의 특이점을 내 것으로 만드는 과정이다. 따라서 최종적인 결과물은 완전히 다를 수밖에 없다. 그런 점에서 벤치마킹은 '나의 것으로 흡수해 만들어내는 또 다른 오리지널리티'라고 할 수 있다.

사업 초창기에는 잘 나가는 제품을 모방하고 싶은 욕구가 강렬하게 생기기 마련이다. 그래야 시간을 줄일 수 있고, 비용도 절감할 수 있기 때문이다. '대충 묻어간다고 해서 별일이야 있겠어?'라고 생각할 수도 있다. 대단한 명품을 모방하는 것도 아니고, 상대방이 알아챌 수 있을지 없을지도 모르기 때문에 그리 나쁘지 않은 방법이라고 생각할 수 있다. 그러나 이는 결국 자신에게 독이 될 수밖에 없다. 한번 모방의 단맛을 알게 되면 결국 장기전에서 승부할 수 있는 자신만의 독창성, 즉 오리지널리티를 숙성시킬 수 있는 시간을 계속 빼앗기기 때문이다. 그리고 그 결과 자신만의 브랜드는 요원한 일일 뿐이고, 언제나 '원조'보다는 '짝퉁'으로 소비자에게 기억될 뿐이다.

쿠팡 엠베서더 활동으로 분명 어느 누군가에게는 도움을 주었을 테지만, 나에게는 그러한 자긍심과 함께 고스란히 피해도 남았다. 하지만 그 피해를 이겨나갈 수 있는 나름의 방법까지 깨달을 수 있었으니 결코 손해만 본 것은 아닌 것 같다. 어쩌면 이 책을 통해서 또 새로운 경쟁자가 생길 수도 있다는 생각이 든다. 그리고 주변에서 그런 걱정을 해주는 지인들도 있었다. 그러나 어차피 경쟁은 피할 수 없는 것이며, 또 사실 따지고 보면 그 경쟁 속에서 누구나 단련되는 법이라고 본다.

다만, 초보 사업자라면 역시 모방보다는 벤치마킹을 통해서 사업을 성장시킬 수 있길 간절히 바라는 마음뿐이다.

택배 배송, 쉬워 보여도 반드시 챙겨야 할 것들

스마트스토어 사업자라면 너무도 당연한 것이 바로 택배 배송이다. 제품 판매의 모든 마무리가 택배를 통해 이뤄지기 때문이다. 게다가 하루의 업무도 택배를 통해 정점을 찍는다. 직원과 함께 몇 시간씩 열심히 준비하고 포장한 제품들이 택배 기사의 손에 전달되는 순간, 마음이 후련해지기 때문이다. 그런 점에서 택배 배송은 참 즐거운 작업이기도 하다. 또 택배비는 우리가 업체에 지불하는 것이기 때문에 다소 유리한 위치에 있다고 볼 수 있다. 발송 물량이 많아지면 택배 기사가 버는 돈도 많아지기 때문에 늘 업체 위주로 많은 배려를 해주곤 한다. 그런데 이게 겉으로만 봤을 때는 매우 평화로운 과정이지만, 때로는 잦은 실수도 발생하게 되고, 예상치 않게 곤란한 문제도 생긴다.

먼저 꼼꼼하게 챙겨라

아직 스마트스토어를 제대로 해보지 않은 사람은 '배송하는 데 큰 문제가 생기겠어?'라는 인식이 강하다. 하지만 실상은 절대 그렇지 않다. 물론 나만 겪은 문제일 수도 있겠지만, 내가 겪었다면 누군가는 반드시 겪을 수 있는 일일 것이다.

일단 택배에 있어서 '택배업체 대표'와 '택배 기사'가 분리되어 있다는 점을 염두에 두어야 한다. 이 말은 둘이 관련이 없다는 것이 아니라, 나 같은 사업자들이 택배업체 대표들을 직접 만날 일은 거의 없다는 점이다. 업체 대표가 뭔가 지시 사항이 있거나 배송과 관련된 전달 사항이 있어도 사업자들은 택배 기사들을 통해서 들을 뿐, 대표에게 직접 듣지는 않는다. 이 말은 곧 택배 기사가 깜빡하고 전달 사항을 전하지 않으면, 사업자들은 그에 대해서 전혀 알 도리가 없다는 점이다. 그 전달 사항은 소소하지만 매우 많다. 예를 들면 추석 배송 관련해서 언제까지 주문한 제품만 배송이 된다든지, 혹은 배송 프로세스가 변경이 된다든지 등등의 내용이다. 그런 점에서 늘 변경된 사항이 있는지 확인을 해야 하며, '기사님이 알아서 말씀해 주시겠지'라고 생각하기보다는 스스로가 먼저 적극적으로 챙겨야 할 필요가 있다.

매달 청구되는 단가에 대해서도 꼼꼼하게 챙겨보아야 한다. 처음 계약할 때 단가를 확인한 이후 매달 청구될 때마다 그 단가가 정확하게 적용되었는지, 또 배송 물량이 맞는지 잘 맞춰 보아야 한다. 실수는 어디에서든 발생할 수 있는데, 이를 인지하지 못하면 과도하게 청구된 비용을 아무런 생각 없이 결제할 수 있다. 가끔 식당에서도 계산서가 잘못되는 경우가 있곤 하지 않은가? 실제 한 지인이 운영하는 업체에서 이렇게 과다하게 청구된 비용을 무려 6개월 만에 발견한 경우도 있다. 물론 택배업체에서 모두 환불해 주기는 했지만, 이런 문제가 잦으면 아무래도 회사 운영에 부담이 되지 않을 수 없다. 택배 배송의 과정 자체가 쉽고 별 복잡한 것이 없다고 해서 전혀 신경을 쓰지 않으면 후일 생각지도 못한 피해가 발생할 수 있다.

사업을 해보니 때로는 억울하고 힘든 사연들이 종종 생기곤 한다. 실제로 내가 젊은 여자여서 그런지, 왠지 좀 거래업체들과의 관계에서 너무 쉽게 대한다거나 무의식중에 무시 받는 듯한 느낌이 들기도 한다. 물론 이런 '느낌'이라는 것이 매우 주관적일 수 있기 때문에 딱 부러지게 잘잘못을 따지지 못할 수도 있다. 그러나 과거 직장생활에서는 거의 느껴보지 못했던 것들이라서 아무래도 실제로 그랬을 가능성이 크다고 본다.

물론 이러한 대우가 꼭 '젊은 여자'이기 때문만은 아닐 것이다. 이러저러한 이유로 다소 차별적 대우를 받는 사람들이 얼마든지 있기 때문이다. 젊은 남성 사장들도 젊다는 이유로 무시 받을 수도 있고, 중년 남성이라면 나이가 들었다는 이유로, 60~70대의 사장님들도 때로는 '요즘 세상을 모른다'라는 이유로 무시 받을 수도 있다. 나이와 성별을 떠나 이런 일들은 사업의 세계에서 얼마든지 있을 수 있다는 이야기다. 중요한 점은 이러한 일들을 오히려 자신을 더 단단하게 단련시켜

주는 좋은 기회라는 마인드를 가지는 것이 좋다.

현재 대단한 성공을 거둔 훨씬 노련한 분들도 아마 모두 이런 과정을 거쳤을 것이고, 어쩌면 내가 느낀 억울함보다 더한 절망감까지 느꼈을 수도 있다. 앞으로 닥칠 위기에 나의 억울함만 보지 말고, 나보다 더 앞서 나간 그들의 모습을 보면서 스스로를 위로하고 용기를 다지는 것이 자기 발전에 더 큰 도움이 될 수 있다.

이런 게
궁금해요!

자잘한 비용들, 꼭 그것까지
신경 써야 하나요?

큰돈도 있지만 자잘하다고 느껴지는 돈도 있다. 정신 없이 사업을 진행하다 보면 이런 자잘한 돈에는 비교적 신경을 덜 쓰게 되고, 또 당장 나가는 돈도 적기 때문에 큰 부담이 되지 않는다고 여기고 가볍게 생각할 수도 있다. 하지만 정작 이러한 자잘한 돈이 모여 큰돈이 되는 것은 당연한 일이다.

가장 쉬운 예로 커피숍에 가본다고 해보자. 거기에는 무료인 것이 많다. 몇 장의 냅킨 정도는 아무런 부담 없이 써도 되고, 화장실의 휴지도 마찬가지다. 내가 커피숍 주인이라고 하더라도 그런 휴지 비용 정도는 별로 큰돈이 들어가지 않는다고 생각할 수 있다. 게다가 사용자 입장에서는 '커피 원가가 엄청 싸게 먹힐 텐데, 뭐 이 정도는 내 마음껏 써도 되지 않아?'라고 생각할 수도 있다. 그런데 나는 스마트스토어 사업을 하면서 개념이 많이 바뀌었다. 또 '남의 일이니까 쉽게 말할 수 있었다'라는 사실을 깨닫게 되었다.

처음에는 배송을 위한 종이박스, 테이프 가격이 엄청 자잘해 보여 '그거 뭐 얼마나 하겠어?'라고 생각했다. 그런데 그게 생각보다 신경이 많이 쓰였다. 일을 하다 보면 직원들이 '사장님, 테이프 다 떨어졌어요!'라는 말을 들을 때마다 '뭐? 벌써? 왜 그렇게 많이 써?'라고 답하곤 하는데, 뭐 직원들이 일부러 낭비할 리는 없지 않은가. 그리고 이 돈들이 쌓이면 한 달에 결코 무시할 수 없는 금액이 된다. 종이박스도 마찬가지다. 처음에 집에서 작업을 할 때는 보관이 용이하지 않아 대량으로 구매할 수가 없었다. 그러면 당연히 적은 수량을 구매하게 되고 그만큼 단가가 올라가게 된다.

반품이 오면 상품만 반품되는 것이 아니라 그 상품을 포장했던 박스, 테이프 역시 모두 소용없이 버려지는 것이 된다. 10억이라는 큰 금액도 결국 100원에서부터 시작되는 것이다. 작은 비용이라고, 자잘하다고 신경을 쓰지 않으면 그렇게 낭비되는 돈이 결국 큰돈의 낭비로 이어질 수밖에 없다.

○ ○
○

한 번쯤은 겪을
동대문과 남대문 상인들

스마트스토어 사업을 하게 되면 한 번쯤은 겪어야 할 곳이 바로 동대문과 남대문이다. 대체로 이곳에서 제품을 사서 나름의 가공을 거친 후 판매하는 경우가 대부분이기 때문이다. 그런데 이 동대문과 남대문은 분위기 자체가 놀라울 정도로 다른 것은 물론이고, 이들과 일하는 방식도 완전히 다르다. 게다가 사업자가 상인들에게서 돈을 주고 물건을 산다고 해서 '갑'이라고 생각했다가는 큰코다칠 수 있다. 때로는 소위 '덤터기'를 쓰더라도 기꺼이 받아들여야 할 때도 있고, 역으로 자신을 증명해야 기꺼이 상인들에게 인정받을 수 있다. 괜히 그들 앞에서 아는 척을 했다가는 오히려 좋지 않은 이미지를 줄 수도 있다는 점에서 주의해야 한다. 내가 겪은 동대문과 남대문 상인들의 이야기를 들어본다면, 그 세계를 바라보는 눈이 사뭇 달라질 것이다.

남대문, 그 살얼음판 걷기

일단 동대문과 남대문을 모두 비슷한 '도매'라고 보겠지만, 사실 약간 다른 면이 있다. 동대문은 도매와 소매를 겸하는 경우가 많고, 남대문은 온전한 의미의 도매다. 그래서 남대문의 물건이 동대문으로 갈 수는 있어도, 반대로 동대문의 물건이 남대문으로 가는 일은 별로 없다. 또 둘은 분위기 자체가 완전히 다르다고 보면 된다. 물론 나야 액세서리만 했으니까 그 부분에 국한된다는 전제를 달고자 한다.

동대문은 앞에서도 이야기했듯이, 도매와 소매를 겸하기

때문에 일반 고객이 가도 다소 친근하게 대화할 수 있다. 물어보는 것에 대해 친절하게 답해주고, 처음부터 가격 흥정도 가능할 때가 있다. 그런데 남대문은 정반대다. 일단 '살얼음판'이라고 봐도 무방하다. 우리 같은 소상공인과 일반 고객을 상대하지 않다 보니 제품에 관한 친근한 대화를 기대했다가는 큰 실망을 하게 된다. 오히려 남대문 상인들은 처음 물건을 사러 왔다는 사람을 보면 경계심을 가지는 경우가 대부분이며, 그다지 달가워하지도 않는다. 처음에 나 역시도 남대문에 갔을 때 너무 분위기가 달라서 깜짝 놀랐다. 심지어 외모도 뭔가 예쁘게 꾸미고 가면 더욱 '초보자 티'가 팍팍 나기 때문에 지금도 남대문에 갈 때면 거의 꾸미지 않고 가는 습관이 들기도 했다. 게다가 전문용어랍시고 몇 개 배워서 써먹으려고 해봐야 남대문 상인들은 금세 알아채곤 한다.

하지만 남대문 상인들이 애초에 냉정하거나 사람에게 거리감을 두는 것은 아니다. 워낙 오랜 기간 동안 장사를 해 오신 분들이고, 거래처가 한정되어 있거나 아니면 소개를 통해서 거래를 하다 보니, 낯선 외부인을 경계할 수밖에 없다. 더욱이 처음 온 외부인이 과연 얼마나 장사를 잘하는지, 자신의 물건을 얼마나 잘 팔아줄지 알 수도 없는 상태다. 따라서 처음부터 친근하게 대해 줄 이유가 별로 없는 것이다. 특히 남대문 상인들에게 주의해야 할 것은 절대로 그들의 물건을 산다고 내가 갑이 아니라는 사실이다. 무엇보다 '덤터기를 당해서는 안 돼!'라는 생각으로 가격을 지나치게 깎으려고 한다든지 하면 오히려 거래 자체가 매우 어려워질 수도 있다는 점을 알아야 한다. 처음에는 약간의 덤터기를 쓴다고 하더라도 좋은 물건을 가지고 있다면, 관계를 위해서라도 받아들일 필요가 있다. 이후 자신이 어느 정도 물건을 잘 판다는 자신감이 생기면 그때부터 조금씩 협상하는 것이 더 현명한 방법이다. 요약하자면 결국 남대문 상인들과는 이런 과정을 거쳐야만 한다.

'괜히 아는 척, 잘난 척하지 않기→조심스럽게 첫 거래 트기→물건을 잘 팔 수 있는 자신을 증명하기'

이것이 성공적으로 이뤄졌을 때, 비로소 제대로 된 거래처로서 인정받을 수 있다. 그리고 이렇게 일단 한번 가까워지기 시작하면, 그 어떤 분들보다 소상공인들을 더 생각해 주고 걱정해 주시는 분들이 바로 남대문 상인들이라는 사실을 알아야만 한다.

한 몸이 되어가는 사업의 구조

동대문 상인들과는 일정한 거래를 통해 친분이 쌓이면 그때부터는 매우 강력한 협력 관계가 형성되는 경우가 있다. 즉, 단순히 물건을 사고파는 관계가 아니라 서로가 '한 몸'이 되어 사업을 해 나가는 관계까지 될 수 있다는 이야기다. 예를들어 당신이 동대문 상인이라고 가정해 보자. 물론 자신도 당연히 높은 매출을 기록해야 하기 때문에 사업자인 당신의 사업이 잘 되기를 누구보다 바란다. 그리고 동대문 상인들이라고 해서 늘 한가지 상품만 파는 사람들도 아니다. 때로는 제품의 다변화를 추구하기도 하고, 누구보다 신상품 출시에도 관심이 많다. 따라서 만약 신상품이 출시되면 이를 적극적으로 밀어주면서 사업자의 매출이 올라가기를 기대한다.

"김 사장, 있잖아. 우리가 이번에 이 상품 좀 밀어보려고 하거든? 한번 잘 팔아볼래?"

　만약 이런 제안을 해 온다면 이는 동대문 상인이 사업자에게 매우 적극적인 액션을 취하는 것이라고 보면 된다. 물론 이런 제안은 사업자에게도 당연히 도움이 된다. 자신은 미처 생각지 못했던 신상품을 동대문 상인들이 먼저 제시해 주면 그에 따라 적극적으로 마케팅을 하면서 상호발전을 도모할 수가 있다. 그래서 사업자가 물건을 잘 판다 싶으면 동대문 상인들은 단가 면에서도 더 밀어주게 되는데, 이때부터는 마치 '한 몸'이 된 것처럼 함께 영업하고 함께 돈을 벌어가는 구조가 될 수 있다. 심지어 오래 거래해 왔던 동대문 거래처가 아이템의 방향을 약간 트는 경우가 있다면, 스마트스토어 사업자도 거기에 동참하면서 아이템의 변화를 겪는 일까지 생길 수가 있다. 이러한 변화를 주었을 때 사업이 더 발전적으로 된다면 사업자도 당연히 마다할 이유가 없다.

　남대문과 동대문 상인들에게 지나친 경계심이나 기대감을 가질 필요는 없다. 어차피 인간관계의 본질은 거의 다 비슷할 뿐이고, 단지 조금 더 '비즈니스'가 중심이 되는 관계일 뿐이다. 그리고 어쩌면 그런 비즈니스 관계이기 때문에 서로가 서로에게 도움이 된다고 판단하면 더 가까워질 수 있고, 여기에 인간적인 신뢰까지 쌓인다면 든든한 사업의 조력자를 만들 수 있다고 보면 될 것이다.

○
○

\/\/\/\/\/\/\/\/\/\/\/\/\

드디어 바뀌는
관계의 무게 중심

/\/\/\/\/\/\/\/\/\/\/\/\

동대문이든 남대문이든 한번 맺은 인연의 고리가 깊어지면
'한 몸'이 되어 함께 갈 수 있다. 그런데 거기까지만 해도 어쨌
든 상인들과 스마트스토어 사업자는 딱 균형적인 관계다. 서
로 돈을 위해서든, 인간적인 친밀감 유지를 위해서든 서로 도
움을 주고받는 관계다. 그런데 이런 관계의 무게 중심이 어느
순간 상인들이 아닌 스마트스토어 사업자로 확 쏠리는 때가
있다. 그때부터는 굳이 '갑과 을의 관계'라고까지 언급하기는

그렇지만, 상인들이 사업자에게 뭔가 도움을 요청하고 부탁하는 관계가 성립되기도 한다. 물론 이런 순간을 맞이하기까지는 당연히 시간도 걸리고 노력이 들겠지만, 한번 이런 관계가 이뤄지면 그때부터 사업자에게는 완전히 새로운 기회, 심지어는 '사업 확장'이라는 도약의 문이 열리게 된다.

이해하기 힘든 상인들의 모금 운동

일단 스마트스토어 업계에 떠다니는 '전설적인 썰'에 관한 이야기부터 하나 하려고 한다. 말 그대로 '썰'이기 때문에 100프로 팩트라고 확신할 수는 없다. 하지만 일단 이런 이야기가 오간다는 것은 정황상 충분히 가능한 일일 수 있다. 너무 황당하거나 말이 되지 않으면 사람들은 그 말 자체를 믿으려 하지 않기 때문이다.

이야기의 주인공은 동대문에서 옷을 사입해 스마트스토어에서 팔았던 젊은 여성들이었다. 그런데 그녀들이 물건을 파는 능력이 가히 상상을 초월했다. 여느 사업자는 생각하기

　　　　　　　　　　　　　　　　파워 셀러 시크릿 노트

쉽지 않은 뛰어난 기획력으로 동대문에서 사입한 제품을 날개 돋친 듯 팔아냈고, 당연히 상인들은 그녀들의 존재로 인해 큰 이익을 얻게 됐다. 그런데 문제는 사업에 초보인 그녀들이 일정한 시간이 흐른 뒤에 상당한 금액의 세금 폭탄을 맞았다는 점이다. 제품만 잘 팔았지, 서류 관리에 미숙했던 탓이다. 그 금액이 거의 사업이 휘청거릴 정도였다고 전해진다. 그녀들은 심각한 위기에 직면했고, 이러한 사실이 조금씩 상인들에게 알려지기 시작했다.

여기서 중요한 사실은 그 소식을 들은 동대문 상인들이 놀랍게도 그녀들의 세금을 내기 위해 돈을 모으기 시작했다는 점이다. 그 결과 그녀들은 모든 세금을 다 해결하고 다시 가뿐하게 사업을 이어나갈 수 있었다. 장사라면 '빠꼼이'라고 할 수 있는 동대문 상인들은 도대체 왜 남의 사업자가 맞은 세금 폭탄을 해결해 주었을까?

상인들의 입장에서 냉정하게 보자면, 그 정도의 돈을 내더라도 장기적으로 자신들에게 훨씬 더 이익이라는 판단이 들었기 때문이다. 사람은 누구나 투자를 해서 돈을 벌려고 한다. 상인들의 입장에서도 그녀들의 세금 해결을 위한 돈이 일종의 '투자'라고 하면 충분히 할 수 있는 일이다. 그녀들이 업계에서 사라지면 자신들의 장기적인 이익도 날아가기 때문이다.

동대문 상인들에게 이 정도의 판매실력을 인정받고, 인간적으로도 철저한 신뢰를 얻기란 정말이지 쉽지 않은 일이다. 이 전설 같은 이야기를 단순히 '썰'로 취급하고 넘길 수 없는 이유가 바로 여기에 있다. 앞에서도 언급했지만, 상인들은 처음에는 스마트스토어 사업자들에게 마음의 문조차 잘 열지 않지만, 이렇게 한번 견고한 믿음이 형성되면 일반적인 관계 이상의 튼튼한 지원을 할 수도 있다.

샤론델이야 아직 그런 정도에는 턱없이 못 미치겠지만, 사실 이러한 '관계의 무게 중심'이 약간은 이동했다는 생각이 들기도 한다. 예를 들어 이제는 동대문에 나가면 상인들께서 이것저것 여러 가지 샘플을 주시곤 한다. 그런데 그게 비즈 공예와는 전혀 상관없는 제품이라는 점이다. 소형가전제품도 있고, 생활용품도 있고, 작은 인테리어 제품도 있다. 그들이 나에게 그런 제품을 건네는 이유는 딱 하나다.

"샤론델이 잘 파니까 이것도 좀 팔아 봐줘!"

심지어는 물건을 보러 가는 샤론델 직원에게 은근히 '더 잘 해보라'며 눈치를 줄 정도다. 이 정도면 내가 상인들의 도움으로 사업을 하는 것을 넘어, 상인들이 나와 함께 더 상생하자는 의미라고 볼 수 있다.

사업 확장과 더 큰 수익

어쩌면 이 정도만 되어도 내 입장에서는 '대성공'이라고 볼 수 있다. 처음에 전혀 안면도 없던 상인들과 친해지기 위해 연신 발품을 팔고 관계를 맺기 위해 노력했던 시절에 비하면 일취월장한 것이 틀림없기 때문이다.

중요한 점은 여느 스마트스토어 사업자들에게 이런 순간이 왔을 때 펼쳐질 새로운 기회의 문이다. 만약 상인들이 건네준 제품 중에서 정말로 눈에 띄고 매력적인 상품이 있다면 어떨까? 그때부터는 새로운 사업을 할 수가 있게 된다. 별도의 스토어를 열고, 인력을 보충하면 충분히 확장이 가능하다. 어차피 이제까지 쌓아온 노하우도 있거니와 전반적인 시스템을 알고 있으니 말 그대로 '숟가락 얹기'만 하면 충분히 더 많은 수익을 올릴 수 있다.

결국 스마트스토어 사업자의 승부수는 '판매력'이다. 바로 이것이 잘 되는 사업자는 더 잘 되고, 침체를 벗어나지 못하는 사업자는 계속 악순환을 겪게 되는 이유다. 그리고 이렇게 한번 갖춰진 경쟁력은 계속해서 자신의 주력 업종을 성장시키는 것은 물론, 더 많은 확장을 할 수 있는 절호의 기회가 된다. 따라서 초보 사업자일수록 정말로 신경 써야 할 부분은 당장의 매출이나 이번 달의 이익보다는 '어떻게 하면 나의 판매력을 올릴 것인가'에 집중해야 한다. 수많은 데이터를 분석할 수 있는 눈을 길러야 하고, 빠르게 트렌드를 따라가는 순발력도 있어야 한다. 더불어 장기적인 안목으로 인내하며 자신의 경쟁력을 쌓아 가는 것이 오랫동안 스마트스토어 사업 현장에서 승승장구할 수 있는 길이다.

○
○

\/\/\/\/\/\/\/\/\/\/\/\/\/\/\

제품에 마진이 없어도 되는
기기묘묘한 방법

\/\/\/\/\/\/\/\/\/\/\/\/\/\/\

사업자에게 마진은 한마디로 생명줄이다. 아무리 많은 물건
을 팔아도 마진이 적으면 일할 기운도 떨어지고, 그 기간이
장기화되면 포기에 이르게 된다. 그런데 때로 스마트스토어
세계에서는 '제품으로 마진을 남기지 않아도 되는 기기묘묘
한 방법'들이 존재한다. 물론 이렇게 반문할 것이다.

"제품을 파는 사람이 제품에서 마진을 남기지 않으면 그
사업을 무엇 때문에 하죠?"

하지만 가능하다. 이른바 '백마진Back margin'이라는 것으로 말 그대로 제품이 아닌 또 다른 곳에서 마진을 챙기는 방법이다. 그런데 생각보다 많은 사업자들이 이 백마진을 통해서 사업을 영위해 나가고 있다.

배송비를 통해서 얻는 수익

온라인에서 판매를 생각해 본 사람이라면 '위탁'에 대한 기본적인 개념은 알고 있을 것이다. 이 사업 방식은 자신이 직접 물건을 사입하지도 않고 보관하지도 않는다. 단지 주문이 들어오면 원래 제품을 파는 업체에 주문서를 넣어 배송하게 하는 방법이다. 물론 초보자들에게는 이 방법이 매우 혹할 수 있다. 제품 매입금이나 보관비, 발송에 대한 부담이 전혀 없기 때문이다. 문제는 마진이 엄청 박하다는 점이다. 어떻게 보면 마진이 박한 것은 당연할 수밖에 없다. 사업의 세계에서는 늘 리스크가 적으면 수익률도 낮아지기 때문이다. '마진이 박하면 가격을 조금이라도 올리면 되지 않나요?'라고 말할 수도 있지만, '최저가'와 '가성비'에 익숙한 소비자들이 이러한 행태를 용납할 리가 없다.

그런데 '최저가'를 유지하면서도 백마진을 남기는 방법이 있다. 그 비밀은 바로 택배비에 있다. 예를 들어 원가가 1만 원 하는 제품을 내가 위탁판매를 해서 1만 원에 판다고 해보자. 당연히 마진은 10원도 없다. 그런데 만약 제품을 공급하는 회사가 기존에 대량으로 이용하던 택배회사가 있다고 해보자. 이런 회사를 통해서 택배를 발송할 때는 일반 소규모 사업자가 하는 것보다는 택배비가 훨씬 저렴해진다. 만약 초보자가 택배를 발송할 때 2,500원이라면, 이런 큰 회사들은 1,500원인 경우가 많다. 그렇다면 여기에서 1,000원이라는 마진이 생기게 된다. 결국 제품은 원가로 주는 셈이고, 택배비에서 수익을 올리는 구조가 만들어진다. 택배는 많이 보내면 보낼수록 단가가 낮아진다. 물론 본격적인 본업으로 시작하게 되면 이러한 백마진에 의존하는 것에는 한계가 있다. 게다가 기왕 자기 브랜드를 만들어 소비자들과 소통하고 싶은 욕구가 있는 사람들에게 이런 백마진은 정식 사업으로 보이지 않을 수도 있다. 처음에 부업으로 하는 사람이라면 이러한 판매 방법들이 힘들겠지만, 장기적으로 내가 운영하는 업체가 커지거나 스마트스토어 업계에서 일한 기간이 점점 쌓일수록 다양한 관점에서 판매 전략을 세울 수 있을 것이다.

백마진의 두 번째 방법은 당장은 이익이 없어도 '중장기적인 이익'을 바라보는 방법이다. 일단 A라는 제품을 사상 최저가인 1만 원에 판다고 해보자. 이 정도면 마진이 없는 게 아니라 인건비, 택배비 등을 따지면 마이너스 수준이라고 볼 수도 있다. 그런데 말 그대로 '사상 최저가'라는 점 때문에 소비자들이 대거 몰릴 수 있다. 물론 처음에는 제품이 판매되면 될수록 손해일 것이다.

고정 고객의 확보가 우선인 방법

그런데 시작은 이제부터다. 일단 소비자들에 대한 인지도가 높아지면 '싸게 판다'라는 입소문이 나서 고정 고객을 확보할 수 있게 된다. 그러면 A라는 제품을 해외에서 기존보다 대량으로 들여온다. 일단 해외 제품이니 원가 자체가 싸고, 대량으로 사 오게 되면 순식간에 원가는 내려가고 마진폭이 3~4

천 원으로 올라갈 수가 있게 된다. 이렇게 되면 과거에 손해를 보았던 것까지 모두 보충하고, 이미 고객들도 확보됐기 때문에 중장기적인 이익을 꾀할 수 있다.

물론 이러한 여러 '백마진'을 부정적인 시선으로 볼 필요는 없다. 장사의 세계는 헤아릴 수 없을 만큼 다양하고, 그 안에서 얼마나 최적의 환경과 구조를 만들어서 자신이 돈을 버느냐의 문제다. 더욱이 이런 방식의 제품 판매는 비단 스마트스토어 업계에만 있는 것이 아니다. 수없이 많은 제품들을 제조, 유통, 판매하는 과정에서 더 고차원적이고 다양한 수익 창출의 구조가 있을 수 있다. 어떻게 보면 가장 적은 노력과 가장 효율적인 방법으로 수익을 만들어내는 원리라고 봐도 무방할 것이다. 하지만 처음부터 이러한 방법을 통해서 스마트스토어에 진입하라고 적극적으로 권장할 생각은 없다. 일단 원래의 평균적이고 일반적인 방법을 통해서 사업을 시작하되 점점 더 노하우가 쌓이고, 거래처가 늘어나고, 믿을 만한 파트너가 생겼을 때 충분히 해볼 만한 방법이기 때문이다.

Chapter 3

특화 생존,
성공 키워드

'강한 자가 살아남는 것이 아니라 살아남는 자가 강한 자다.' 아마 이 말을 한 번쯤은 들어봤을 것이다. 그런데 여기서 중요한 것은 그 살아남을 수 있는 노하우, 즉 생존비결이다. 누군들 살아남고 싶지 않을 것이며, 누군들 강해지고 싶지 않을까. 이러한 소망을 이루기 위해서는 앞서서 밀림을 뚫어본 사람의 이야기를 들어볼 필요가 있다. 샤론델의 역사는 비록 3년 정도이지만, 지금 막 출발하려는 사람의 위치에서 3년이나 앞선 사람의 말을 들어본다면 그것도 충분히 도움이 될 수 있다고 본다.

'모든 사업은 종합예술'이라는 말이 있듯, 내가 해본 스마트스토어 역시 종합예술이다. 온라인 너머에 어른거리는 고객의 속마음을 읽어 제대로 된 고객 만족을 추구해야 하고, 주식의 데이 트레이더만큼이나 긴장된 광고의 세계에 적응해야 하기 때문이다. 그뿐만이 아니다. 난생처음 해보는 사장 역할이지만 직원 관리도 능숙하게 해야 하고, 고객의 취향도 치열하게 따라가야 한다. 무엇보다 온라인 세상의 특징인 별점, 댓글에도 능수능란하게 대응할 필요가 있다. 물론 나의 생각과 판단, 나의 방법이 정답일 리는 없다. 하지만 수많은 방법 중에 '이미 해보고 검증된 해답' 중 하나가 될 것이라고 확신한다.

○
○

그 흥미진진하고 때로는 위험한
광고의 세계

처음 스마트스토어 사업을 시작할 때는 '광고'에 대해서 전혀
신경을 쓸 수가 없었다. 당시 내 생각에는 광고란 '쓸데없이
돈 들이는 일'에 불과했고, '될지도 안 될지도 모르는 것에 돈
을 쓰는 불확실한 일'이었기 때문이다. 그런데 자사몰을 시작
하고, 기존 스마트스토어에서의 매출을 올리려다 보니 서서
히 광고에 신경을 쓸 수밖에 없었고, 어느 순간부터는 광고를
하지 않으면 안 되는 필수사항이 되었다. 그런데 여기서 더

나아가 광고란 참으로 흥미진진하면서도 때로는 위험한 세계라는 사실을 알게 되었다. 그것은 마치 주식투자를 하는 사람의 심리와 비슷하다. '과연 내가 투자한 것에 비해 얼마를 벌어들일 것인가?', '만약 광고를 한 만큼 벌지 못했다면 그 이유는 무엇일까?' 이렇듯 매일매일이 광고와의 전쟁이라고 해도 과언이 아니다. 어쩌면 주식보다 더 급박하면서도 짜릿한 게임이기도 하다. 하지만 이 정도면 얌전한 편이다. 스스로 앱을 만들어 광고비와 매출을 비교하는 '광고 중독' 사업자도 있을 정도이기 때문이다. 스마트스토어를 시작했다면, 결코 외면할 수 없는 광고에 대해서 알아보는 것도 큰 도움이 될 것이다.

주식 데이 트레이더에 버금가는 짜릿함

처음에 내가 광고에 신경을 쓰지 않았던 것은 투자 비용을 많이 들일 필요가 없다는 생각이 지배적이었고, 제품의 특성상 광고를 한다고 해서 잘 팔릴 것이라고는 생각하지 않았기 때

문이다. 비즈 공예란 특별한 취향을 가진 사람이 하는 것이
지, 불특정 다수에게 반복적으로 노출한다고 해서 제품을 구
매한다고 보기 어려웠기 때문이다. 예를 들어 음식 광고라면
누구나 관심을 끌 수 있고, 가전제품 역시 당장은 사지 않아
도 한 번쯤 클릭할 수도 있다. 하지만 패션에 속하는 비즈 공
예는 그럴 리가 없다고 봤다.

그런데 관심을 가지고 광고를 하다 보니 그 목적이 반드시
'판매'에만 있는 것은 아니었다. 최소한 관심 있는 사람들 중
에서 어떤 제품이 좀 더 소구력이 있는지를 알 수 있는 효과
적인 수단이었다. 10개의 제품으로 광고를 돌리고 나면 확실
한 반응이 있는 제품과 그렇지 않은 제품을 알 수 있었다. 그
때부터는 반응이 있는 제품만 따로 추려서 광고를 하면 훨씬
비용 대비 광고 효과가 높다고 판단할 수 있다. 또 광고란 참
신기한 생리를 가지고 있어서, 자사몰 광고를 한다고 해도 자
사몰 방문 비율보다는 네이버와 쿠팡에서의 제품 판매율이
높아지기도 하고, 광고 효과가 1~2개월 뒤에 나타나기도 했
다. 이 빠르고 정신없는 온라인 세상에서 광고를 내리면 모든
것이 빛의 속도처럼 사라질 것 같지만, 결국 누군가의 뇌리에
는 남아서 자신의 영향력을 발휘하고 있었던 것이다.

특히 광고의 역동성만큼은 주식이나 코인 투자 등에 비할 바가 아니다. 매일 아침 전날의 판매 데이터를 기반으로 광고를 하게 되는데, 적게는 10만 원에서 100만 원까지 집행하게 된다. 그러면 이 광고 효과는 당일 저녁의 매출로 금세 확인된다. 그러니까 주식시장에 비교하면 '데이 트레이더^{Day-trader}'와 같은 셈이다. 모든 투자가 그렇듯, 이 광고 집행으로 매출 역시 높아지면 기분도 으쓱해지고 즐겁지만, 효과가 제대로 나오지 않을 때는 기분까지 침체되는 경우가 많다. 일종의 매우 강한 '중독성'을 가지고 있다는 이야기다. 이러한 중독성은 자연스럽게 멘탈을 흔들어 놓는 지경에까지 이르게 된다. 나 역시 지금도 몇 번의 광고 집행에서 실패하게 되면 광고 컨설턴트 선생님을 직접 만나 상황을 설명하고 혹시 광고 집행에서 뭐가 문제였는지를 늘 체크 받곤 한다.

내가 알고 있는 한 사업자는 광고 집행을 위한 앱을 자신이 별도로 만들기도 했다. 보통 '앱'이라고 하면 한번 만들어서 다수의 대중들이 다운로드하고 거기에 따라서 광고 수익을 올리든 인앱 수익을 올리든 하는 것이다. 하지만 그분은 오로지 자신만을 위한 앱을 의뢰해 만들었다. 투자비에 대비해 소비자들의 클릭수가 떨어지고 그것이 어느 한계선에 이르게 되면 경고음이 울리게 만든 앱이다. 만약 경고가 울리게 되면 그분은 밤에 자다가도 일어나서 광고비를 더 집행하는 등의 특단의 조치를 취하기도 한다.

반드시 주의해야 할 두 가지

광고 집행이 가장 절실하게 필요한 시기는 자사몰을 막 시작할 때, 그리고 앞에서 이야기했듯이 각 제품에 대한 고객 선호도를 체크해야 할 때다. 특히 자사몰을 시작할 때는 스마트스토어가 어느 정도 자리를 잡은 상태이고, 이제 그 이상의 도약이 필요한 때일 수밖에 없다. 그렇다 보니 광고비를 집행할 때는 매 순간 긴장되기 마련이다. 이 정도면 밤새 코인 가치의 등락을 살피는 투자자와 크게 다를 바 없다.

광고비를 집행해야 할 때가 오면 반드시 몇 가지 숙지해야 할 것이 있다. 우선 첫 번째로 반드시 전문가의 도움을 받고 광고의 세계에 진입해야 한다는 점이다. 광고의 핵심은 집적된 데이터를 읽고 그 안에서 소비자의 선택에 관한 통찰을 뽑아내는 일이다. 따라서 공부와 경험이 없는 사람이 직관적으로 할 수 있는 차원의 일이 아니다. 전문가에게 돈을 내고 배우는 일은 당연하다고 생각해야 하며, 그래야 빠르게 광고 데이터를 혼자서 파악할 수 있는 능력이 생길 수 있다. 또 캠페인별로 효과를 측정하는 다양한 방법이 있기 때문에 이 부분도 함께 배워나가야 한다.

또 하나는 광고의 중독성과 위험성을 반드시 숙지하고 주의해야 한다는 점이다. 특히 요즘의 20~30대는 투자를 해본 경험이 있고, 또 투자에 대해 그다지 거부감을 가지고 있지 않다. 물론 광고 역시 당연히 투자이기 때문에 그에 따른 매출이 따라야 하겠지만, 지나치게 몰입하면 제품의 퀄리티나 서비스에 신경 쓰기보다는 오히려 광고로 모든 것을 해결하려는 사고에 갇힐 수가 있다. 이렇게 되면 제품을 판매하는 사업자 본연의 자세를 잃게 되고 더 나아가 '경영하는 사람'으로서의 정도까지 잃어버리는 지경에 처하게 된다. 따라서 광고가 모든 것을 좌우한다는 생각에서 벗어나 일정한 거리를 두어야 할 필요가 있다. 앞에서도 언급했듯이 멘탈까지 흔들릴 지경에 처한다면 다소 위험한 상태라는 점을 반드시 상기해야 한다.

다만 이렇게 광고까지 신경 쓸 정도가 되었다면 이제는 누군가에게 '스마트스토어 1인 사업자'라고 말해도 부끄럽지 않을 정도의 위치에 올라선 것이다. 아직은 광고에 대해서 많은 신경을 쓸 여력이 없을 수도 있겠지만, 언젠가는 광고가 주는 그 짜릿함과 즐거움, 그리고 실망마저 달콤해질 수 있는 그때를 향해 앞으로 나아가 보자.

광고하기 좋은 시간이 따로 있을까요?

광고를 해야 하는 적당한 시기가 있듯이, 광고하기 좋은 적절한 시간이 있다. 각 플랫폼에서는 노출을 할 수 있는 시간을 사업자가 정할 수 있도록 해놓았다. 물론 제품군에 따라서 구매가 많이 이뤄지는 시간대가 다소 다르기는 하겠지만, 샤론델의 액세서리 경우는 대체로 밤 10시부터 1시 사이에 구매하는 경우가 많다. 아마도 직장인이라면 회사 일을 끝내고 자기 전 편안한 상태에서 구매하는 경우일 것이며, 주부라면 아이들이 잠든 이후의 시간이 아닐까 추정한다.

단체 물량일 경우 대체로 회사에서 주문하는 경우가 많기 때문에 업무 시간 중에 이뤄지게 된다. 다만 단체 주문은 예상하기가 쉽지 않기 때문에 광고 시간을 일반 고객들에게 맞추는 편이 훨씬 유용하다.

따라서 구매가 이뤄지기 직전의 시간인 9~10시부

터 광고를 돌리게 되면 훨씬 더 좋은 효과를 얻을 수 있게 된다.

○
○

\/\/\/\/\/\/\/\/\/\/\/\/\/\/

직원 관리 노하우,
직장생활할 때의 나를 생각하라

/\/\/\/\/\/\/\/\/\/\/\/\/\/\

직원을 뽑는다는 일은 참으로 낯선 일이었다. 나의 경우는 태어나서 처음 해보는 사장이었고, 심지어 직원 중에는 한 번도 회사를 다녀 본 적이 없는 친구도 있었다. 서로가 서로에게 처음이다 보니 그 어색함과 능숙하지 못함은 한동안 당황스러운 상황을 연출했다. 하지만 당장 일손이 부족하다 보니 직원이나 아르바이트 채용은 불가피한 일이었다. 게다가 '직원 관리' 부분을 따로 알려주는 곳도 없으니 그저 온라인상의 여러 정보나 사업을 오래 해보신 아버지의 말을 참고하는 것이 전부였다. 여러 고민 끝에 선택한 가장 현명한 방법은 '내가 직장생활할 때의 모습'을 떠올려 보기로 했다. 신입사원을 거쳐 어느덧 원숙한 직장인으로 일했던 당시의 경험을 떠올려 '불합리한 점이라면 고치면 될 것이고, 좋았던 점이라면 더 발전시켜 가면 되지 않을까?'라고 생각했다. 여기에서부터 출발하니 그간 보이지 않았던 것이 보였고, 내가 어떤 길을 가야 할지 조금은 감을 잡을 수 있었다.

자율성과 책임감의 상관관계

직원을 뽑고 나서 제일 먼저 해보고 싶었던 것이 바로 '탄력근무제'였다. 이른 아침마다 정해진 시간, 복잡하고 지치는 출근 시간을 경험한 나는 그것이 꽤 불합리하다고 생각했다. 정해진 시간에 충실히 근무하면 되지, 꼭 모두 같은 시간에 출근할 필요는 없다고 여겼다. 그런데 내가 사장이 되었다고 해서 올챙이 시절의 느낌을 가차 없이 버리고 냉정한 잣대를 직원에게 들이대기는 싫었다. 그래서 일주일에 월요일만 빼고 나머지는 오전 8시부터 11시 사이에 아무 때나 출근할 수 있도록 만들었다. 월요일은 한 주의 시작이며 주말 동안 쌓인 주문량이 많아 어쩔 수 없지만, 나머지는 자유로운 시간에 출근을 할 수 있게 했다. 이렇게 자율성을 부여하니 직원들은 좀 더 책임감을 가지는 것 같았다. 사장이 자신의 편의를 봐주고 신뢰하는 만큼, 자신들도 최선을 다하려는 모습을 보여주었다.

물론 당연히 야근도 없다. "야근 수당을 줄 돈이 없으니 일찍 일찍 퇴근하라."고 독려했다. 또 회사 다닐 때 늘 바랐던 것은 간식과 음료수가 회사에 그득했으면 좋겠다는 점이었다. 그러면 마치 회사가 나를 대접해 주는 느낌이 들 것 같았다. 그래서 사무실에 먹을 것이 떨어지지 않도록 했다.

업무적인 분야에서는 최대한 직원들 개개인의 일에 터치하지 않으려고 했다. 이 부분은 사실 회사 다닐 때는 단점이라고 생각했던 부분이었다. 같은 팀이라고는 하지만, 막상 내 옆의 책상을 사용하는 동료가 무슨 일을 하는지도 잘 몰랐던 것이 사실이다. 그때 '이런 게 팀인가? 서로를 좀 잘 알아야 하는 것 아닌가?'라는 의문이 들기도 했다. 그런데 지금 와서 보니 어쩌면 각자의 일을 최대한 존중해 주기 위한 하나의 방편이었다는 생각도 들었다. 그래서 일단 우리 회사의 경우 각자의 일에 대해서는 최대한 존중하고 간섭하지 않으려고 했다. 그런데 이 부분 역시 직원들에게 또 하나의 동기부여가 되는 것 같았다. 예를 들어 '저 분야는 저 친구가 제일 잘해!'라며 서로 존중해 주는 분위기가 형성되면서 담당자는 오히려 더 책임감 있게 일하려는 모습을 보였다. 그리고 매출이 잘 오르면 각자가 모두 자신의 공을 내세우는 모습이 뿌듯했다. 사진 찍는 친구는 '내가 사진을 잘 찍어서 잘 팔리는 거야'라고 생각하고, 디자인하는 직원은 '내가 예쁘게 디자인해서 잘 팔리는 거야'라고 생각한다. 누가 더 잘하고 못하고를 떠나서 모두가 힘을 합치고, 그 안에서 자신의 노력이 함께 하고 있다고 생각하는 마음. 이것이 서로를 진짜 하나로 만드는 힘이 아닌가 하는 생각이 들었다.

'탄력근무제, 충분한 간식과 음료, 각자의 일에 대한 존중'

사실 따지고 보면 대기업만큼의 대단한 복지도 아니고, 그저 내가 할 수 있는 선에서 하는 것이지만, 그래도 초보 사장이 직원들과 함께 할 수 있고, 서로 단결할 수 있는 좋은 계기가 되었다.

직원, 정말 '관리'가 필요할까?

그런데 이러한 제도나 분위기보다 더 중요한 것이 있다. 그것은 바로 '마음'이다. 직원을 정말로 애정하는 마음이 있다면, 직원도 사장과 회사를 애정하기 마련이다. 따지고 보면 직급만 내가 '사장'이고 그들은 '직원'일 뿐, 사회에서 만나면 그냥 친구도 될 수 있고, 선후배에 불과한 관계다. 비록 나에게 월급을 받고 있지만, 직원들도 알 건 다 안다고 봐야 한다.

'초보 사장이 많이 힘들 텐데… 좀 잘 됐으면 좋겠다.'

'처음 시작하는 회사라 불안하기는 하지만, 그래도 함께 잘해서 좋은 직장으로 키워갔으면 좋겠다.'

직원은 시키는 일만 하는 존재가 아니며, 모두 나름의 생각과 판단을 가지고 회사를 바라보고 사장을 지켜본다. 그래서 그들에게도 사장에 대한 연민의 정이 있고, 함께 미래를 가꾸고 싶은 희망도 존재하는 것이다. 그들에게 잘해주고 싶은 나의 간절한 마음을 누구보다 그들 스스로가 잘 알고 있다. 지시와 명령이 아닌, 마음으로 하나 되는 것, 그것이 직원을 대하는 가장 훌륭하고 모범적인 사실이라는 것을 깨닫게 된다.

이와 더불어 나는 직원에게 꼭 보여주고 싶었던 모습이 있었다. 그것은 바로 '한번 마음 먹으면 반드시 해내는 행동력'이었다. 원래 내 성격도 그런 면이 있기는 했지만, 직원들에게 행동력은 사장에 대한 신뢰의 원천이라고 봤다. 자본도 부족하고, 회사의 이력도 아직은 변변치 않다면, 결국 직원들은 눈으로 보는 것만 믿을 수밖에 없다. 그렇기 때문에 사장의 행동력은 꽤 중요한 포인트가 된다. 우유부단하거나 후회를 자주하는 모습을 보여주면 직원들도 의구심이 들기 시작하며 맥이 빠질 수밖에 없기 때문이다. 다행히 직원들에게 '사장님은 한다면 하는 사람이에요!'라는 말을 들을 수 있어서 행운이라고 생각한다.

흔히 '직원 관리'라는 말을 쓰곤 한다. 여기에서 '관리'의 대상인 직원은 뭔가 개입하지 않으면 수동적으로 변하고 게으름을 피울 수도 있다는 뉘앙스가 느껴진다. 따라서 직원 관리라는 관점보다는 오히려 '초보 직장인' 시절로 되돌아가 그때의 입장에서 생각하고 실천하면 되는 일이다. 지금 눈앞의 직원들이 과거 신입사원 시절의 나였다고 여긴다면, 하루라도 빨리 직원들과 하나 되는 길을 찾을 수 있을 것이라고 본다. 이와 함께 직원들이 일하기 편한 환경을 만들어 준다면, 분명 그들도 그에 걸맞게 회사를 위해 노력할 것이다.

세금에 대해 지금부터 공부해야 할까요?

처음 사장이 되면서 제일 골치 아픈 것이 세금 문제였다. 직장에 다닐 때는 내가 낼 세금을 회사에서, 정부에서 알아서 관리해 주었지만, 사업을 시작하면 이제 자신이 직접 세금에 관해서 골머리를 써야 하기 때문이다. 따라서 처음 사업을 하는 사람들에게 가장 먼저 난관으로 작용하는 것이 바로 이 세금 문제일 것이다. 나역시 사업을 시작하면서 세금에 관한 책을 몇 번 읽기는 했지만, 사실 이게 직접 자신에게 주어진 현실의 문제가 아니라면 크게 와닿지 않는다. 어려운 세금 용어를 공부해 봐야 그게 현실에서 어떻게 적용되는지도 알기 힘들다. 그런 점에서 본격적으로 사업을 시작하기 전부터 세금에 관해 공부하는 것을 그다지 추천하지는 않는다. 본인이 직접 부딪쳐보지 않으면 세금이 왜 중요한지, 그리고 어떻게 처리해야 하는지에 대한 감이 잡히지 않는다. 결국 '현장에서 배우는 것'이 가장 중요하다. 매출이 1억 원이 나오기 전까지는 본인의 손으로 직접 세금을 챙기는 것이 좋고, 그 이상의 매출이 발생한다면 그때부터는 세무사의 손에 맡기는 것이 더 나을 것이다. 아무래도 세금 감면 등의 측면에서는 개인보다 전문가의 식견이 좀 더 탁월할 수 있기 때문이다.

초창기 SNS 개설과
#키워드의 중요성

온라인 사업을 하면, 당연히 온라인 홍보를 해야 한다고 생각할 수밖에 없다. 특히 요즘에는 SNS 계정 하나 만드는 것은 식은 죽 먹기이기 때문에 누구나 부담 없이 온라인 홍보를 시작하고, 또 개인 계정을 운영해 본 경험이 있다면 사업자 계정을 만드는 것도 크게 어렵지 않을 것이다. 그러나 지인으로 시작하는 개인 계정과 고객들 대상으로 하는 상업적 계정은 운영에 차이가 있을 수밖에 없다. 그런데 개인적인 경험에 의하면, 초창기의 시간을 견디는 것은 매우 힘들지만, 일정한 시간이 흐르면 마치 '셀럽'이 된 것 같은 기분 좋은 경험을 할 수 있다. 특히 적지 않은 고객의 반응이 구매로 연결되기 때문에 인스타를 비롯한 SNS 홍보는 필수적이다. 그 방법이야 여러 가지가 있겠지만, 초창기 내가 했던 방법을 따라 하다 보면 그리 어렵지 않게 정착할 수 있을 것이다.

6개월은 반드시 유지해야

처음부터 제품 홍보를 하는 건 무리다. 일단 브랜드 자체가 전혀 알려지지 않은 상태에서 다짜고짜 물건부터 팔겠다고 SNS를 개설하면 큰 관심을 받기가 힘들기 때문이다. 그래서 내 경우에는 처음에 '맛집 소개'로 위장(?)을 할 수밖에 없었다. 하지만 정말로 내 돈 내고 내가 가본 맛집만 탐방하고 소개했기 때문에 정보로서의 가치는 충분히 있었을 것이다. 맛집 소개가 가장 쉽고, 또 사람들의 흥미를 유발할 수 있으니 좋은 접근이었다고 본다. 또 맛집의 단점까지 함께 소개했기 때문에 진정성을 느낄 수도 있었을 것이다. 그 후에는 서서히 맛집과 함께 트렌드 소개로 바꾸어 나갔다. 최신 패션, 액세서리 등등을 함께 소개하면서 계정주인의 정체성을 만들어 나가는 것도 좋은 전략일 수 있다. 이후에는 내가 처음으로 사업을 시작했던 귀걸이를 올리기 시작했고, 비즈 공예로 바뀌면서부터는 본격적으로 내 제품을 올리기 시작했다. 이즈음 해서는 팔로워가 800명에 이를 정도였으니까 어느 정도는 성공이었다고 봐도 무방할 것이다.

다만 이렇게 본격화되기까지는 최소 6개월의 시간을 견뎌야 하는 절체절명의 과제가 주어진다. 사실 이렇게 내 사업과 직접 관련이 없는 맛집이나 트렌드 소개를 6개월이나 하는 것은 쉽지 않은 일이다. 6개월 뒤의 미래를 보고 한다고 하더라도 당장 맛집에 가려면 돈이 들어가야 하고, 트렌드를 찾고, 정보를 가공하고, 업로드하는 시간까지 감안한다면 결코 적지 않은 시간 투자라고 볼 수 있다. 하지만 이 6개월을 버티지 못하면 이미 해왔던 콘텐츠마저 모두 허물어진다는 점에서 이를 악물고 해야만 한다.

그러나 모든 힘든 일에는 반드시 그 성과가 있다고 했던가. 비즈 공예 제품을 직접 올리고 판매를 하면서부터는 마치

'셀럽'이 된 것 같은 기분이 들었다.

"정말 예쁜 키트네요. 언제쯤 제품이 출시되죠?"

"계속 새로 고침하는데, 언제부터 판매하는지 안 나오네요. 좀 알려주세요."

나는 그저 내 제품을 판매할 목적이었지만, 그것을 기다리는 고객이 있다는 점에서 처음으로 셀럽이 된 것 같은 기분을 느꼈다. 맛집 소개라면 네티즌들은 '하면 하나 보다'라고 생각하지, '다음 맛집은 어디에요?'라고 묻지는 않는다. 하지만 패션 액세서리에 여성들의 관심이 많다 보니 이러한 반응은 매우 자연스러웠고, 그것에 나는 매우 신기함을 느끼곤 했다.

매출을 좌우하는 키워드의 중요성

그런데 이러한 SNS 홍보도 마찬가지고 여타 스마트스토어에서도 마찬가지지만, 가장 관심을 많이 기울이고 신경을 써야 할 것은 바로 '키워드'다. 이것은 소비자가 나의 SNS와 내 제품을 찾아내는 지름길이기 때문에 어떤 키워드를 쓰느냐에 따라서 매출 자체가 엄청나게 좌우되곤 한다. 이러한 키워드의 중요성을 잘 아는 일부 사업자들은 아예 '키워드 중심의 사업'을 펼쳐나가기도 한다. 예를 들어 여름휴가 기간이라면 당연히 '수영복', '선글라스', '선크림' 등의 키워드가 많이 등장할 것이라는 예상은 쉽게 할 수 있다. 그러면 그들은 여름에는 아예 그 키워드에 적합한 제품을 판다. 겨울이라면 겨울에 걸맞는 키워드의 제품을 판매하고, 밸런타인데이에는 또 거기에 맞는 제품을 판매한다. 따라서 제품 위주의 사업이 아니라 키워드 중심의 사업이 만들어지게 된다. 이러한 사업의 형태는 과거에는 전혀 찾아볼 수 없었던, 완전히 새로운 온라인 시대의 풍경이라고 봐도 무방할 것이다. 이는 키워드가 얼마나 중요한지를 단적으로 보여주는 예라고 할 수 있다.

다만 키워드의 범주가 크다고 해서 좋은 것은 아니다. 예를 들어 귀걸이를 인스타그램에 올릴 때 하트 모양의 귀걸이가 있다고 해서 '#하트'라고 올려서는 안 된다. 만약 그랬다가는 각종 '하트'라는 이름이 들어가는 백화점 이벤트도 검색되고, 사진 사이트에 있는 각종 하트 사진도 검색되고, 하트라는 이름이 들어간 병원도 검색된다. 심지어 하트라는 이름을 가진 회사도 있다. 따라서 적당히 범용적이면서도 내 제품으로 유입될 수 있는 키워드를 선택해야만 한다. 이런 키워드의 중요성 때문에 스마트스토어 컨설팅 업체에서는 키워드에 관해서도 컨설팅을 해준다. 예를 들어 고깃집을 운영한다고 하면 '#참숯'이 좋은지, '#숯불갈비'가 좋은지도 분석하고 상담해준다.

결론적으로 스마트스토어 사업을 한다면 당연히 SNS 홍보를 같이 꾸준히 해야 하고, 그와 동시에 본격적으로 제품을 올리기 시작했다면 반드시 키워드에 신경을 쓰는 것이 성공적인 초기 홍보 방법 중 하나가 될 것이다.

사진 연출, 어떤 방법이 있을까요?

소비자가 제품을 만나는 첫 번째 통로는 바로 사진이다. 물론 제품 종류에 따라서 다양한 홍보영상도 있겠지만, 대체로 소비자는 가장 먼저 사진을 통해서 제품을 경험하게 된다. 그런 점에서 사진을 잘 연출하고 잘 찍는 일은 무엇보다 중요하다. 그런데 여기에 대해서도 처음에는 고민이 될 수밖에 없다. '돈이 드니까 그냥 내가 찍을까?'라고 생각하다가도 다른 스마트스토어에 올라온 감각적이고 매력적인 사진을 보면 '돈이 들어도 전문가에게 맡길까?'라는 생각이 들기 마련이다. 비록 전문가에게 사진을 의뢰하는 것이 돈이 많이 들어도 그만큼 많이 팔리면 오히려 돈을 더 버는게 될 수 있다. 그러다 결국에는 양자 사이의 절충안으로 '사진을 잘 찍는 직원이나 아르바이트'를 뽑는 것을 택한다. 그러나 이 역시 녹록지 않은 방법이다. 직원이나 아르바이트를 뽑을 때 '본인의 SNS에 올린 사진이나 직접 찍은 사진을 함께 첨부해서 이메일을 보내주세요'라고 요청하게 된다. 일단 기존에 찍은 사진을 보면 대략의 실력을 알 수 있기 때문이다. 그런데 이러한 방법이 생각보다는 현실에서 큰 의미가 없다. 풍경 사진이나 인물 사진을 찍는 실력과 제품 사진을 찍는 실력은 완전히 다른 차원의 문제이기 때문이다. 따라서 지원자의 사진 실력을 사전에 테스트할 수 있는 방법은 아예 없다고 봐도 무방하다. 결국에는 본인 스스로 사진 공부를 해야 한다는 결론에 다다랄 수밖에 없다. 이 부분에서 중요한 것 중 하나는 바로 '사진의 포인트'를 잡는 방법이다. 예를 들어 자신이 판매하는 제품을 최대한 잘 어필할 수 있는 부분을 설정해야 한다. '디테일한 부분을 정확하게 보여줄 것인가', 아니면 '전체적인 사진을 보여줄 것인가?', '감성적인 면을 부각할 것인가', 아니면 '감성을 배제한 채 제품에 집중할 것인가?' 등을 정하는 일이다. 샤론델 제품은 '감성'으로 포인트를 잡았다. 그래서 제품 이외에도 그림자, 나무, 수건, 엽서 등을 통해 감성을 더 돋보이게 할 수 있는 사진으로 구성

파워 셀러 시크릿 노트

했다.

한 가지 더 팁을 준다면, '크기'에 대해서 고객이 직감적으로 알 수 있도록 해주어야 한다는 점이다. 샤론델 제품의 경우 1센티미터, 혹은 그보다 작은 제품이 많다. 그런데 일상적으로 소비자들이 1센티미터 이하의 제품을 사용하는 일은 그리 많지 않다. 그런 점에서 고객이 눈으로 보고 직접 알 수 있도록 50원, 100원짜리 동전을 바로 옆에 놓고 사진을 찍으면 비교하기가 훨씬 쉽다.

○
○

별점 테러를 대하는
지혜로운 자세

온라인 사업자들이 가장 두려워하는 것이 별점이다. 사실 누구나 자신이 구매하려는 제품의 별점이 낮거나 좋지 않은 댓글이 있으며 왠지 꺼려지곤 한다. 그러니 제품을 판매하는 사람의 입장에서는 당연히 별점에 민감할 수밖에 없고, 심지어 '별점 테러'를 당하면 멘붕까지는 아니어도 멘탈이 흔들릴 수밖에 없다. 제일 황당했던 댓글은 "너무 좋아요~!"라고 해놓고 정작 별점은 3개 주는 일이다. 그 격차에서 느껴지는 왠지 모를 배신감이 들었다. 사업 초기에는 이런 별점에 무척 예민하기도 했다. 하지만 우리 인생에서도 나이가 들면 세상에 좀 관대해진다고 할까? 이제 초창기의 마인드를 벗어나다 보니 별점을 대하는 나름의 자세도 생긴 것 같다.

별점이라는 숙명

스마트스토어 사업을 하면서 이 '별점'에 대한 주제를 비켜나 갈 수는 없다. 반드시 경험하게 될 일이자, 앞으로 맞닥뜨리 게 될 숙명이기 때문이다. 일단 별점을 낮게 받으면 처음에 는 불평도 생기고 불만도 있을 것이다. 사소한 꼬투리를 잡는 것처럼 느껴지고 과도한 '불편러'가 아닌가 의심이 들기도 할 것이다. 그러나 아예 별점을 보지 않는 경우도 있고, 고객으 로부터 걸려 오는 전화를 받지 않는 사업자도 꽤 많다. 애초 부터 고객과 직접 마주할 일이 없다는 온라인 사업의 장점 때 문에 스마트스토어를 개설하는 경우도 있다. 그러다 보니 반 품을 하거나 교환을 해주면 될 일이지 굳이 고객의 오프라인 전화를 받을 필요가 없다고 여기는 경우다.

앞에서도 이야기했지만, '너무 좋아요!'라고 해놓고 정작 별점은 3개를 주는 이 기이한 현상에 대해서 처음에는 나도 매우 황당했다. 하지만 시간이 흐르면서 그 이유를 알아낼 수 있었다. 대체로 리뷰나 사진을 남기게 되면 그에 따른 포인트를 주는 경우가 많다. 그래서 고객들은 이 포인트를 받을 욕심에 빨리 글을 남기느라 아무 별점이나 누르는 것이다. 사실 별점 3개면 회사 입장에서는 분명히 타격이 있다.

하지만 일단 별점이 낮다고 무조건 모든 고객이 해당 제품을 부정적으로 보지는 않는다. 실제로 샤론델의 어떤 제품에는 별점이 한 개 달렸다. 말 그대로 테러였다. 이 정도면 그 제품은 '사망' 진단을 내려도 무방하겠지만, 웬일인지 그래도 구매하는 고객들이 있다. 이런 분은 타인의 별점에는 크게 신경 쓰지 않고 스스로 판단하고 구매하는, 우리 입장에서는 꽤 현명한(?) 고객이라고 볼 수밖에 없다. 다만 액세서리 분야는 트렌드가 매우 빠르게 변하기 때문에 별점이 낮은 제품에 굳이 연연할 필요는 없다. 새로운 신제품들이 전면에 나서면서 과거의 흑역사가 어느 정도 지워질 수 있기 때문이다.

카톡, 전화 응대는 성실하게

물론 낮은 별점을 꼭 고객 탓으로만 돌릴 수는 없다. 정말 제품이 좋지 않아서 발생한 일일 수도 있기 때문이다. 스마트스토어 사업자 중에서 자신이 판매하는 제품에 대해 자신감과 자부심을 가지지 않는 사람은 없겠지만, 그래도 염두에 두어야 할 점은 자신의 관점과 고객의 관점이 다를 수 있다는 사실을 인정해야만 한다는 것이다.

이러한 여러 가지 경험을 통해 얻은 샤론델만의 별점이나 댓글을 처리하는 방법 몇 가지를 소개해 보고자 한다. 이를 참고하여 앞으로 자신의 사업에서는 어떻게 처리할지를 각자 나름대로 정하면 될 것이다.

첫 번째는 일일이 댓글을 달지 않지만, 전화나 카톡을 남기는 분에게는 정성스럽게 응대한다. 하루에 판매되는 제품이 많지 않을 때는 댓글 달기도 즐거운 대고객 서비스임에 틀림없지만, 업무량이 늘어나다 보면 모든 댓글을 다 응대하기가 불가능하다. 다만 보다 적극적으로 불만을 표시하거나 전화하시는 분이 있다면 그에 대해서는 매우 정성스럽게 응대할 필요가 있다. 온라인 사업도 결국에는 사람이 판매하고, 사람이 구매하는 일이다. 단지 온라인이라는 플랫폼을 거칠 뿐, 그 이유만으로 고객에 대한 응대를 귀찮아하거나 배제해야 할 필요는 없다.

두 번째는 비록 낮은 별점을 받는다고 하더라도 지나치게 민감할 필요는 없다. 시간이 흘러 좋은 평점을 주는 고객들이 있으면 다시 별점은 상향 평준화되기 마련이다. 만약 제품 자체에 문제가 있어서 집중적인 별점 테러를 받게 되면 결국 그 제품은 '자연사'하기 마련이라는 편안한 마음을 가질 필요가 있다. 도저히 가망이 없어 보인다면 그때 가서 판매를 중지해도 상관없다.

세 번째는 고객의 반응을 제대로 알기 전에 과도하게 많은 재고를 떠안을 필요가 없다는 것이다. 이럴 때는 재고에 대한 부담 때문에 별점과 댓글에 더 민감해질 수 있기 때문이다. 1차로 적은 재고를 가지고 테스트를 한 뒤에 차츰 늘려가도 큰 문제가 없다.

마지막으로 생각보다 '블랙 컨슈머'라고 불릴 정도의 악의적인 댓글을 다는 소비자는 그리 많지 않으니 지나치게 신경

파워 셀러 시크릿 노트

을 쓰거나 두려워할 필요는 없다. 샤론델의 경우 이제까지 그렇게까지 골치 아픈 댓글을 다는 고객은 단 한 명도 없었다. 설사 앞으로 그런 고객이 있다고 하더라도 크게 마음을 쓸 필요가 없다는 점을 염두에 두었으면 좋겠다.

쿠팡과 네이버, 어떤 차이가 있을까요?

쿠팡과 네이버. 온라인 판매 플랫폼 중에서는 가장 규모가 크고 소비자들이 많이 찾는 곳이다. 나 역시 초창기 이 두 플랫폼에 연달아 런칭하면서 그 둘의 유사점이나 차이점에 대해서 많은 경험을 했다.

일단 정보 제공의 차원에서는 네이버가 다소 앞서 있다고 볼 수 있다. 사업자의 경우 '재주문'에 대한 정보에 민감할 수밖에 없다. 한 번 구매한 고객이 재구매를 한다면 제품에 상당히 만족했다는 점이고, 이런 정보가 쌓이면 아무래도 마케팅 활동에 큰 도움이 될 수 있기 때문이다. 그런데 네이버의 경우 이런 재구매 여부 등과 같은 다양한 정보가 제공되는 반면, 쿠팡에서는 이런 시스템을 찾아볼 수가 없다. 이를 확인하기 위해서는 일일이 고객 이름을 찾아봐야 하는 번거로움이 있다. 또 네이버는 어떤 검색 키워드를 통해, 또 어떤 채널을 통해 들어왔는지 매우 상세하게 알려주고 있으며, 구매 고객의 연령층까지 모두 알 수 있다. 따라서 제품별로 타깃을 매우 명확하게 할 수 있다는 장점이 있다. 또 네이버는 UX, UI가 매우 잘 되어 있어서 편리할 뿐만 아니라 정보를 취득하기가 매우 유용하게 되어 있다. 특히 네이버는 사업자등록이 없어도 판매를 할 수 있기 때문에 초기 진입이 쉽다는 장점이 있다. 따라서 취미나 부업처럼 하기가 매우 좋다. 다만 네이버도 분명 단점이 있다. 일단 판매자 자체가 너무 많기 때문에 웬만해서는 노출 자체가 쉽지 않다. 거인들에 끼어 있는 키 작은 난쟁이의 형국이라고나 할까. 진입도 쉽고 정보도 잘 제공되는 반면, 초기 사업자는 열악한 상황에서 싸워야 하는 입장이기도 하다. 또 네이버는 사업자의 등급과 레벨이 고객들에게 보여지기 때문에 고객으로서는 구매에 도움이 되지만, 초기 사업자의 경우 부익부 빈익빈에 시달릴 수도 있다. 대체로 고객들 역시 활성화되어 있고, 많은 사람이 구매하는 곳에서 제품을 사고 싶은 마음은 인지상정일 수밖에 없다.

쿠팡도 물론 장점이 있다. 비록 정보 제공 측면에서는 네이버보다 뒤떨어질 수 있지만, 일단 '쿠팡이니까 믿고 산다'라는 충성고객이 상당히 많다. 또 판매자의 등급이나 레벨이 제공되지 않기 때문에 초기 사업자라고 해도 제품만 좋으면 얼마든지 그것만으로도 승부를 볼 수 있는 환경이 조성되어 있다. 특히 자연스럽게 노출해 주는 기회가 많기 때문에 초보 창업자를 단숨에 제 궤도에 올려 줄 수 있는 힘이 있다.

네이버와 쿠팡의 이러한 차이점은 사업전략을 짜는 데도 도움이 된다. 초기에는 우선 쿠팡을 집중 공략하여 경험을 충분히 쌓으면서 매출을 올리는 방법이 좋고, 일정한 수준에 올랐다는 생각이 들면 그때부터 네이버로 진입해 몸집을 불리는 방식이다. 각각의 장점을 취하고 단점을 보완하는 좋은 방법이 될 수 있을 것이다.

○
○

\/\/\/\/\/\/\/\/\/\/\/\/\/\/\/\

불만을 더 큰 만족으로 바꾸는 CS 기술

\/\/\/\/\/\/\/\/\/\/\/\/\/\/\/\

사업을 해보지 않은 사람들에게 CS^Customer Service^는 낯선 영역일 수 있다. 직장생활을 할 때라면 상사나 혹은 거래처를 만족시키면 될 일이지만, 스마트스토어 사업은 개인 소비자한 명 한 명을 관리하고 만족할 만한 서비스를 제공해야 하기때문이다. 특히 성향이나 스타일을 전혀 모르는 상태에서 어떻게 응대해야 할지 난감한 경우도 많다. 게다가 자신만의 방식으로 대응한다고 해도 반드시 고객이 만족할지 어떨지도 잘 모르는 문제다. 나 역시 샤론델을 시작하면서 불만을 가진 고객에게 적절한 대응을 하는 것이 쉬운 일은 아니었다. 더욱이 서로 얼굴을 대하는 관계가 아니다 보니 오히려 두려움이 생기기도 했다. 그러나 혹시라도 실수를 했다면 그것을 겸허하게 인정하는 마음, 그리고 진심을 담아 케어를 하려고 한다면 역으로 불만을 더 큰 만족으로 바꿀 수 있는 CS 기술이 될 수 있다는 점을 깨달았다.

소비자가 가진 취향 저격

액세서리 DIY 키트 배송의 특징은 수백 수천 개의 작은 자재들을 일일이 손으로 골라 담아야 한다는 점이다. 그러다 보니 가전제품이나 옷 몇 개를 척척 챙겨서 박스에 담는 일보다는 훨씬 정교하고 실수가 많은 작업일 수밖에 없다. 대략 100개의 배송품 중에서 1~2개에서는 누락된 제품이 나오는 것은 어쩔 수 없는 일이다. 그러면 당연히 고객은 물건을 받아본 후 당황스럽게 되고, 일일이 자신이 주문한 것과 비교하면서 어떤 자재가 누락되었는지를 확인한 다음 다시 우리에게 전화를 걸어야 한다. 고객에게는 정말 죄송한 일이지만, 사람이 하는 일이라 100프로 실수를 예방하는 건 쉬운 일이 아니다. 다만 여기서 중요한 것은 고객의 그러한 불만을 어떻게 무마하느냐는 점이다. 그런데 단순히 불만을 무마하는 게 아니라 오히려 만족도를 상승시킬 수 있는 방법이 있다.

일단 여러 이유로 인해서 고객이 제품에 대한 불만을 토로하거나 개선을 요구하게 되면 우리는 이렇게 물어본다.

"고객님, 너무 죄송합니다. 저희가 수작업으로 하다 보니 본의 아니게 불편을 끼쳐드렸네요. 당연히 다시 배송 도와드리겠습니다. 그런데 혹시 좋아하는 색깔이 있으신가요?"

여기서 중요한 것은 '좋아하는 색깔'을 물어본다는 점이다. 이 질문을 받은 고객들은 '왜 그런 걸 물어보지?'라고 의아해하면서도 자신이 좋아하는 색깔을 말한다. 그러면 우리는 그 색깔에 맞는 무료 증정품을 함께 보내드린다. 물론 다른 것보다는 저렴한 비즈 라인 중 하나지만, 그렇다고 '싸구려'라고 불릴 만한 것을 보내지는 않는다. 고객이 받아본 후

'이거 뭐야? 싸구려잖아?'라고 반응하면 차라리 보내지 않은 것이 더 낫기 때문이다. 특히 색깔을 물어보는 것은 다른 랜덤 발송품과는 다르게 고객의 취향을 맞추기 위함이다. 비즈를 구매하는 고객들은 색깔에 매우 민감하다. 자신만의 색으로 공예를 하려고 하기 때문이다. 따라서 고객이 원하는 색깔을 맞춰서 보내드리면 감동하는 고객들이 적지 않다.

처음 통화할 때는 퉁명스러운 목소리로 전화를 하시다가도 다시 제품을 받은 후에는 댓글에 '정말 고마웠다'라는 말을 써 주시는 모습을 보면 오히려 '사론델'이라는 브랜드에 대해 더 신뢰를 가지는 것 같았다.

고객이 해준 의외의 판촉활동

한번은 10개의 제품을 한꺼번에 주문하신 고객이 있었다. 그런데 9개는 고객이 원하는 날짜에 도착할 수 있었는데, 1개가 늦어질 것 같아 전화를 드렸다. 일단 전화를 드려 우선 9개를 먼저 보내고 나머지 1개를 나중에 보낼지, 아니면 전체를 환불할지 문의했다. 그런데 전혀 생각지 못했던 대답이 돌아왔다. 오늘이 출산 예정일이며, 산후조리원에서 키트를 사용할 예정이라 나머지 하나는 천천히 보내도 된다는 것이다. 배려를 해주신 고객에게 감사한 마음이 앞섰지만, 출산이라는 말에 먼저 축하 인사를 해야겠다는 생각이 들었다. 게다가 1개 제품은 우리 사정으로 배송이 늦어지는 것이니 당연히 죄송한 마음도 전해야 했다. 그래서 아기 이름의 이니셜을 여쭤보고 관련 제품과 함께 '진심으로 출산을 축하드린다'라고 손으로 쓴 카드까지 동봉해 보내드렸다. 그랬더니 고객님이 장문의 구매 후기를 써 주셨다.

★★★★★5

with********

마음이 따뜻해지는 곳입니다~♥ 조리원 가서 만들려고 주문했는데 조금 늦어진다 연락주셨어요~^^ 너무 친절하시고 따뜻하셨답니다~ 오늘 재료 받았는데 너무 이쁘고 꼼꼼해요~ 이렇게 따뜻한 곳이니 더욱 믿고 구매할 수 있을 것 같아요~~ 늘 번창하세요/♥ 서비스로 넣어주신 이니셜 너무 감사합니다~~♥♥

판매자

어머나…♡ 고객님 안녕하세요! 무사히 출산하신 것 같아 저
희가 너무너무 기뻐요 ㅠㅠ 고생 정말 많으셨어요!! 안 그래도
저희 직원들끼리 하늘이 어머님 천사 잘 만나셨으려나… 내심
궁금해했었거든요! 소식 전해주셔서 정말 감사합니다:) 제품
도 만족해주셔서 감사드립니다. 건강 잘 챙기시고, 새 가족의
탄생을 진심으로 축하드립니다♥

거의 판촉활동(?)에 가까운 고마운 글이 아닐 수 없었다.
이 케이스는 오히려 제품이 부족했던 것이 도움이 된 경우다.

스마트스토어는 사람의 얼굴을 보지 못하기 때문에 오히
려 조그만 정성이 더 큰 효과를 발휘할 수가 있다. '얼굴도 모
르는 사람이 나에게 이렇게 배려를 해주다니…'라는 생각이
들면 더 따뜻한 감정이 생길 수밖에 없기 때문이다.

고객에게 미안한 일이 생기더라도 너무 당황할 필요는 없
다. 자신의 마음이 가는 데로 증정품을 통해 부족했던 마음을
채워 보낼 수도 있고, 특별한 사정이 있다면 그에 걸맞는 축
하와 감사의 말을 전한다면 오히려 불만보다 더 큰 충성스러
운 고객이 될 수 있다. 다만 그런 고객의 사정 하나하나를 살

필 수 있는 마음의 여유가 있어야 하며, 판매자 스스로가 좀 더 배려하는 마음씨를 가져야만 할 것이다.

○
○

\\/\\/\\/\\/\\/\\/\\/\\/\\/\\/\\

너희가
'고객의 취향'을 안다고?

/\\/\\/\\/\\/\\/\\/\\/\\/\\/\\/\\

스마트스토어 사업을 하는 한, 절대로 머리를 떠날 수 없는 질문 하나가 있다. 아침에 일어나서, 밥을 먹다가도, 친구와 커피를 마시다가도 결코 헤어 나올 수 없는 궁금증. 그것은 바로 "도대체 고객이 좋아하는 취향은 무엇일까?", "고객의 취향을 맞추기 위해서는 어떻게 해야 할까?"이다. 물론 나 역시 이런 질문은 사업을 시작하면서부터 지금까지도 하고 있으며, 아마도 사업을 하는 이상 영원히 벗어날 수 없는 숙명적인 굴레라고까지 생각한다. 그런데 지금까지 내가 내린 결론은 '고객의 취향을 알 수 있는 방법은 없다'라는 것이다. 물론 이렇게 반문할 것이다.

"그런 자신감도 없이 어떻게 사업을 하죠?"

"그럼 뭐 아무거나 대강 팔면서 소비자에게 먹히길 기다려야 하나요?"

"그래도 철저하게 기획한 상품이 언제든 승부를 볼 수 있지 않나요?"

물론 다 맞는 말들이다. 그럼에도 불구하고 고객의 취향은 언제나 사업자의 상상을 넘어서고 순식간에 허를 찌르는 경우가 많다. 그래서 나는 이러한 간극의 차이를 줄일 수 있는 것은 '속도'라고 생각한다. 얼마나 빠르고 많은 제품을 소비자 앞에 펼쳐 놓느냐, 바로 이것이 스마트스토어 사업자가 가져야 할 승부수이기 때문이다.

딱 들어맞는 해석은 존재하지 않는다

세상에 존재하는 모든 기업은 끊임없이 소비자의 취향, 개성, 트렌드를 파악하기 위해 노력한다. 설문조사를 할 수도 있고, 주변 지인들에게 의견을 물어볼 수도 있고, 전문가를 고용하기도 한다. 특히 큰 기업일수록 이를 위해 더 많은 인력과 돈을 투자할 것이다. 문제는 이러한 노력들이 다 맞는다면 망하는 기업은 단 하나도 없을 것이다. 특히 1인 사업자에게 이런 고민은 너무 벅찬 것이기도 하다.

2022년 9월 기준으로 샤롱델 매출 1위를 하는 A제품이 있다. 작년 10월경에 출시했으니까 거의 1년이 다 된 제품이다. 그러나 당시 출시한 제품 중에서 정작 A제품은 우리가 예상한 상위 매출 제품에서는 아예 배제되어 있었다. 우리가 봐도 대중적인 소비자의 취향은 전혀 아니었으며, 그나마 구색을 맞춰야 하기 때문에 함께 올린 제품이었다. 그런데 그 제품이 다른 모든 것들을 제치고 '무소불위의 1등'을 1년 가까이 하고 있다. 이런 상황을 처음 접한 직원들의 반응은 대체로 당황과 의아함이 주를 이뤘다.

"도대체 이 제품을 왜 사는 거지…"
"이렇게까지 인기 있을 거라고는…"

물론 우리 손으로 만든 제품이기에 당연히 기본적인 애정도 있고 많이 팔리면 좋은 일이겠지만, 지나치게 우리의 예상이 빗나간 것을 흔쾌히 받아들이기가 힘들었다. 그런데 이후에도 이런 일이 종종 일어났다. 물론 그 원인을 다양하게 해석해 보았다. 광고 횟수, 타이밍, 우리가 몰랐던 소비자의 트렌드 등등을 고려해 봤지만, 딱 들어맞는 분석을 하기는 힘들었다. 결과적으로 이런 결론에 다다랐다.

'나와 직원이 아무리 기획하고 회의한들, 소비자의 취향을 정확하게 알아맞힌다는 것은 불가능에 가까운 일이다. 따라서 최대한 다양한 제품, 다양한 스타일을 만들어 선택의 스펙트럼을 넓혀야 한다!'

그런데 이렇게 하기 위해서는 두 가지 조건이 필요하다. 하나는 쉴새 없이 제품을 공급해야 하고, 그것도 빠르게 공급해야 한다는 점이다. 따라서 제품을 준비하고 테스트하는 것에 지나치게 많은 시간을 할애하는 것은 오히려 경쟁력을 떨어뜨릴 수 있다.

경쟁자를 이기는 방법

A라는 제품이 지금은 매출 1등을 하고 있지만, 사실 그것이 언제 꺼질지는 아무도 알 수 없다. 게다가 유행이나 트렌드는 순식간에 바뀌기 때문에 매출적인 부분에 있어서 '안심'이라는 것은 있을 수 없다. 따라서 나름의 트렌드를 따라간다는 생각으로 쉬지 않고 끊임없이 새로운 제품을 출시해야 하고, 그것도 최대한 속도를 높일수록 매출의 확대폭은 더 늘어날 수밖에 없다.

이러한 미스테리한 소비자의 취향에 이어 또 하나의 적수이자 장애물이 있으니 바로 경쟁자의 모방이다. 비록 패션 제품에는 디자인 모방의 기준도 있고 또 관련법도 있지만, 비즈 액세서리에서는 그것이 정확하게 적용되기란 사실상 어렵다. 또 디자인에 대한 모방이라는 것이 판단하기가 매우 애매해서 마음만 먹으면 얼마든지 비슷한 분위기의 제품을 만들어 낼 수 있다. 그런데 여기에 대한 대처법도 사실상 '미스테리한 소비자 취향'과 거의 동일하다. 경쟁자가 따라올 수 없

파워 셀러 시크릿 노트

을 정도의 속도감, 그리고 다양한 종류의 제품을 출시하는 것이다.

여기에 더해 또 하나 필요한 미덕이 있다면 그것은 바로 '인내심'이다. 사실 생각보다 나중에 반응이 오는 제품이 적지 않다. 짧으면 3개월 후에, 심지어는 1년 후에도 '이게 왜 지금 팔리지?'라는 생각이 들 정도로 반응이 늦게 오는 제품이 많다. 이 역시 정확한 이유를 분석하기는 힘들다. 다만 '그때는 맞지 않았던 타이밍이 지금은 맞는 것이 아닌가'라고 막연한 추측만 할 뿐이다.

또 하나 추가하자면 '타깃'을 정하는 것도 무척 어려운 일이라는 점이다. 아마도 회사에 다녀봤다면 누구나 잘 알겠지만, 그 어떤 기획을 하든 타깃을 명확하게 정하고 시작해야 한다. 이것은 기본 중의 기본이라 그 타깃을 넓게 잡을수록 때로는 상사에게 '애매모호하다'라는 비판을 받을 수 있다. 하지만 막상 비즈 사업을 시작한 후에는 '생각보다 정말 타깃이 넓다'라는 생각을 자주 하곤 한다. 처음 시작할 때는 나와 연령대가 비슷한 20~30대 초반의 여성, 그리고 패션 액세서리에 관심이 많은 사람들이 주요 타깃이라고 생각했다. 하지만 막상 소비자 분석 리포트를 보면 이러한 예상이 어김없이 빛나갔다. 취미 생활을 하는 50~60대도 생각보다 많았고, 8~9살 정도의 아기를 둔 주부들도 있었다. 처음 시작할 때는 미처 생각하지 못했던 타깃이었다. 뿐만 아니라 단체나 기업 수요도 존재한다. 치매 노인들의 두뇌 활성화를 위해 양로원에서 구매하기도 하고, 기업 연수 프로그램에 비즈 공예를 넣는다고 해서 S그룹에 납품한 적도 있다. 이외에 방과 후 수업을 하는 고등학교에서도 구매를 했다. 그런 경험을 하고 나니, 참으로 '세상은 넓고 타깃은 많다'라는 말이 제대로 실감났다. 이렇듯 우리가 '소비자의 취향'이라는 것을 정확하게 모르듯이, '정확한 타깃' 역시 한마디로 표현하기가 무척 힘들다는 사실을 인정해야만 한다.

그래서 스마트스토어에 진입하려는 사람이라면 일단 겸손한 자세를 가져야 하지 않을까 생각한다. 어쩌면 자신의 감각에 관한 한 이미 주변 지인들에게 충분히 인정받았을 수도 있고, '나 정도면 충분히 앞서 가는 트렌드세터야!'라는 자신감이 있을 수도 있다. 하지만 내가 경험했고 더 많은 1인 사업자들이 경험했듯, 자신의 기획이 정확하다는 자신감은 오만에 불과하다. 빠르게, 성실히, 꾸준하게, 인내심을 가지는 것이야말로 고객을 대하는 기본적인 마음이 되어야 한다.

가격대에 따른 고객 성향, 차이가 있을까요?

다양한 연령과 계층을 가진 고객의 성향을 한마디로 딱 잘라서 말하기는 힘들다. 뿐만 아니라 브랜드에 따라, 제품군에 따라 고객의 성향이 모두 다르기 때문에 '이것이다'라고 단언할 수가 없기 때문이다. 다만 최소한 내가 겪었던 경험에 비추어 보자면, 분명한 것은 '가격대에 따라서 고객의 성향이 분명하게 차이가 난다'라는 점이다.

우리 회사에서는 '샤론델'이라는 브랜드도 있지만, 그보다 조금 더 저렴한 제품군을 판매하는 브랜드가 따로 있다. 가령 샤론델이 300원대 단가라면, 저렴한 브랜드는 100원대 단가로 이루어져 있다. 일단 이렇게 가격만 보면 저렴한 브랜드에서 소비자의 부담이 훨씬 적기 때문에 불평이나 불만도 별로 없을 것이라고 예상할 수 있다. 큰돈이 아니기 때문에 '설사 불만이 있더라도 그냥 넘어가지 않을까'라고 볼 수 있기 때문이다. 그런데 놀랍게도 이 저렴한 브랜드에서의 고객 성향은 완전히 다르다. 불평불만의 수준도 다르고 심지어 직접 통화할 때의 말투마저 다른 경우가 허다하다. 훨씬 더 격렬하고 거친 경우가 대부분이다. 처음에는 이런 부분에 대해서 참 이해하기가 힘들었다. 샤론델 제품이 무슨 명품도 아니고, 기껏 차이가 나 봐야 몇 백 원 차이에 불과하다. 게다가 제품 단가만 쌀 뿐, 제품 배송 기간이 다른 것도 아니고 포장 방식도 전혀 다를 리가 없다. 결국 '고객들은 큰돈보다 적은 돈에 오히려 더 민감할 수 있다'라는 결론을 내릴 수밖에 없었다. 이러한 사실을 통해 '싼 제품을 산다고 해서 고객들의 취향까지 녹록하다고 봐서는 안 된다'라는 교훈을 얻을 수 있었다. 어떤 브랜드건, 어떤 가격대건 결국 고객을 위해 최선을 다할 때만이 결국 소비자를 만족시킬 수 있다.

파워 셀러 시크릿 노트

스마트스토어 사업자의 '위기'란?

보통 우리는 상식적으로 사업을 시작하고 난 후 돈이 잘 벌리면 성공이라고 생각하고, 잘 벌리지 않으면 위기라고 여긴다. 그런데 이러한 상식은 이미 어느 정도 규모를 갖춘 회사, 혹은 수년간 관련 업계에서 경험을 갖춘 사업자에게나 적용되는 말이다. 사업을 시작한 지 얼마 되지 않은 스마트스토어 사업자, 혹은 몇 명의 친구와 의기투합해 이 업계에 뛰어든 사업자에게는 전혀 다른 기준이 적용된다. 오히려 돈이 잘 벌릴 때가 진짜 위기이고, 돈이 잘 벌리지 않으면 그럭저럭 견뎌 나갈 수 있기 때문이다. 내가 이러한 사실을 알게 된 것은 평소 한 달에 몇 십만 원 하던 매출이 갑자기 천만 원 단위로 뛰었을 때였다. 남들은 '와! 이제 성공한 거야?'라는 말을 했지만, 얼마 가지 않아 그 급격한 매출이 나에게 얼마나 큰 '멘붕'을 안겨주었는지를 깨달았다.

갑작스러운 매출 상승이 가져온 멘붕

스마트스토어의 특징 중 하나는 내가 노력하지 않아도 갑자기 매출이 오를 수도 있고, 아무리 노력해도 매출이 밑바닥에서 맴돌 수 있다는 점이다. 여기에는 키워드, 입소문, 혹은 플랫폼의 노출, 연예인, 인플루언서와의 관련성 등 다양한 외적인 변수가 작용할 뿐만 아니라 그 속도도 엄청나게 빠르기 때문이다. 예를 들어 오프라인의 일반 매장이 있다고 가정해 보자. 하나의 매장에 점차 많은 손님이 찾아오기 위해서는 위치가 알려져야 하고, 상품을 써본 고객이 있어야 한다. 이렇게 되기까지는 반드시 물리적인 시간이 걸리기 마련이다. 하지만 스마트스토어는 전혀 다르다. 일단 상품을 걸어 놓으면, 고객이 키워드로 알아서 찾아오기도 하고, 우연히 플랫폼에 노출되기도 한다. 또 연예인이 영화나 드라마에서 입은 옷, 액세서리, 구두 등은 단 하루 만에도 폭발적인 인기를 얻게 된다. 이렇게 되면 정작 사업자 자신은 별로 한 것이 없어도 판매가 급증하게 된다. 문제는 바로 여기서부터다. 매출이 높아지면 무한정 좋을 것 같지만, 그것은 잠시뿐이다. 나 역시 매출이 몇 십만 원에서 몇 천만 원으로 뛰는 경험을 하면서 너무 좋아 소리라도 지르고 싶은 심정이었다. 나 자신이 대견하기도 하고, 또 사업이 이렇게 커진다는 것이 신기하기도 했다. 또 이렇게만 매출이 오른다면 앞으로 내 인생은 장밋빛을 넘어 온통 아름다운 무지개가 가득할 것만 같았다. 그런데 그 기쁨의 유효기간은 딱 며칠뿐이었다. 천만 원 단위의 주문이 들어온다는 것은 곧 천만 원 단위의 상품 준비와 배송을 감당해내야 한다는 의미이기 때문이다. 그때부터는 멘붕의 연속이었다. 몇 날 며칠을 밤을 새우며 작업을 해도 일은 끝나질 않았고, 결국 아르바이트생까지 썼지만 그 친구들을 처음부터 가르치면서 일을 해야 했기 때문에 노동은 두 배가 되었다. 돈도 돈이지만, 몸은 기진맥진 지쳐갔고 심지어는 나도 모르게 '왜 이렇게 갑자기 많이 주문이 들어온 거야!'라고 불평을 하기도 했다. 예전 같았으면 말도 안 되는 일이었다. 매출이 얼마 안 될 때는 늘 '나도 매출이 좀 많았으면…'라고 하며 꿈을 꾸었지만, 정작 매출이 높아지자 몸은 지쳐갔고 심지어 불평까지 하게 될 줄이야…

더욱이 세금 문제, 장부기입 등 처리해야 할 일이 산더미처럼 쌓이기 시작했다. 한마디로 일이 폭풍처럼 밀어닥치면서 그 자체로 위기가 되어버린 것이다. 그런데 더 큰 위기는 그때부터 시작됐다. 이번 달 매출이 높다고 해서 당장 직원을 구하기도 힘들다. 나의 노력과 전략에 의해서 이루어진 성공이 아니기 때문에 이 거품이 언제 꺼질지 알 수가 없기 때문이다. 그러니 직원을 구한 후에 갑자기 매출이 떨어져 버리면 그동안 벌었던 돈을 까먹고 있을 수밖에 없다. 그렇게 몇 개월만 지나면 '한 달 매출 천만 원'은 아무런 의미도 없는 일이 된다. 또 높은 매출을 맛보면 그때부터는 불안이 시작된다. '이 매출이 언젠가는 떨어질 텐데…'라는 생각이 들면서 과거에 들떴던 행복감마저 사라지게 된다.

만반의 준비는 아니어도 최소 절반 정도의 준비를 하라

일반적인 사회생활에서 우리는 늘 '계획'이라는 것을 세운다. 지금 다니는 직장에서 자신의 비전을 생각해 보기도 하고, 더 높은 연봉을 받기 위해 착실하게 자기계발도 한다. 상사와의 관계도 잘 유지하기 위해 노력하면서 5년 뒤, 10년 뒤의 내 모습을 예상하기도 한다. 그리고 목표한 자리에 올랐을 때는 그간 해왔던 착실한 노력 덕분에 무리 없이 자신의 계획과 목표를 잘 수행해 낼 수 있다. 이것은 '준비된 성공'이기 때문에 매우 자연스럽게 진행된다.

그런데 스마트스토어 사업자들에게 '준비되지 않은 성공'이 갑자기 찾아오면 그때 진짜 위기가 시작된다. 대부분 처음 일을 시작할 때는 '잘 되면 좋지 뭐!', '돈을 많이 벌었으면 좋겠다!'라고 생각하지만, 반대로 돈을 많이 벌었을 때의 문제점에 대해서는 거의 생각하지 않는다. 특히 부업이나 취미로 시작하는 경우는 더더욱 그렇다. 사실 나 역시 처음 시작할 때 '한 달에 딱 50만 원 정도만 벌었으면 정말 좋겠다'라는 소박한 꿈을 꾸기도 한다. 하지만 이런 꿈은 착하기는 하지만, 현실적으로 실현되기는 불가능하다. 서로 잘 모르는 불특정 다수의 고객들이 단합해서 '우리 그럼 이 사업자에게 한 달에 딱 50만 원만 벌게 해주자!'라고 합의하는 일은 있을 수 없기 때문이다. 매출이 오르락내리락하는 일이 비일비재하고, 50만 원이 아닌 차라리 500만 원, 또는 5,000만 원이 되는 것이 오히려 더 자연스러운 일이다.

반면 매출이 오르지 않으면 오히려 사업을 꾸준히 할 수 있다. 애초에 큰 기대를 하지 않았기 때문에 마음먹기에 따라서 꾸준함을 유지할 수 있기 때문이다. 그런 점에서 차라리 매출이 높지 않았을 때가 마음 편할 수 있다.

물론 사업 초기에 '만약 매출이 엄청 오르면 어떡하지?'라는 생각으로 깊은 고민을 하거나 그때의 대비책을 위해 골몰할 필요는 없다. 아직 한 번도 경험하지 못한 상황에 대해서 철저하게 대비한다는 것 자체가 쉽지 않은 일이기 때문이다. 또 그렇게 되면 마음이 너무 무거워지면서 부업이나 취미로 가볍게 시작하지도 못하게 된다.

따라서 갑작스럽게 높은 매출이 생겼을 때의 시나리오를 염두에 두고 그것에 대응하기 위한 '만반의 준비'까지는 아니어도 최소한 '절반 정도의 준비'는 미리 해두어야 한다.

정해진 원칙, 반드시 지켜야 하나요?

임기응변이나 융통성은 생활을 좀 더 편하게 해줄 때가 있다. 세상에 존재하는 수많은 규칙을 원칙대로 일일이 지키고 사는 것도 참 피곤한 일이기 때문이다. 매일 기계적으로 제품을 포장하고 배송하다 보면 어느새 익숙해져 그리 어려운 일이 아니라는 생각이 들게 되고, 약간 불편한 일이 생기면 융통성을 발휘해 가볍게 넘어갈 수도 있다. 하지만 가끔 이러한 융통성이 큰 피해를 남기기도 한다.

로켓배송을 할 때는 반드시 바코드를 붙여야 한다. 그런데 이 바코드 용지가 대체로 딱 정해져 있다. 쿠팡에서 정해준 원칙은 '3102번' 용지를 사용해야 한다. 그런데 예전에 용지를 주문하는 과정에서 실수를 하여 3102번 용지는 다 쓰고 3101번 용지만 쓸데없이 많이 남았다. 눈으로 대충 짐작해 보면 크게 차이도 나지 않았다. 직원도 "사장님, 이거 크기도 비슷한데 그냥 써도 되지 않을까요?"라고 말했고, 실제 프린팅을 해보니 크기가 비슷해 보였다. 이렇게 해서 배송하게 된 주문 건이 무려 20건 정도. 당연히 문제가 생길 것이라고는 전혀 예상하지 못한 채 택배를 보내고 그 일은 까맣게 잊고 있었다.

문제는 며칠 밤 이후부터 터지기 시작했다. 곳곳의 물류센터에서 이메일이 날아오기 시작했다. '정해진 바코드 용지가 아니라서 인식을 하지 못해 반송이 된다'라는 내용이었다. 처음 당해보는 일이라 그 피해를 실감하지 못했지만, 곳곳에서 날아오는 반품의 피해는 심각할 수밖에 없었다. 단순히 제품 가격만의 문제가 아니었다. 물류센터에서 반송할 때 드는 배송비, 그 20건의 제품을 준비하고 포장했던 인건비, 사용했던 박스까지 합치면 거의 200만 원 상당의 손해였다. 기회비용까지 다 합치면 300만 원은 훌쩍 넘어가는 큰 금액이었다.

무슨 일이든 하다 보면 실수가 있기 마련이지만, 아직도 잊히지 않는 그 '반품의 후폭풍'은 지금까지도 눈에 선하다. 며칠 동안 잠 못 이루는 밤을 겪었던 당시의 기억으로 인해 지금도 늘 배송에 각별히 신경을 쓰게 된다. 따지고 보면 크게 잘못한 일이 아니라고 볼 수도 있다. 그러나 '쿠팡 규정이 그렇기는 하지만, 그냥 대충 이렇게 해도 되지 않을까?'라고 쉽게 생각했다가 큰 피해를 입게 되었다. 이렇듯 시스템이 정해 놓은 규정에 쓸데없는 융통성을 발휘하지 않는 것도 사업을 순조롭게 만들어 주는 방법이다.

빚도 잘 활용하면
이익이다

세상을 살면서 가장 무서운 것 중 하나가 바로 '빚'일 것이다. 어렸을 때부터 '돈은 빌리지도 말고 빌려주지도 말라'는 이야기를 들으면서 자라기도 했고, 때로는 빚을 지는 그 순간부터 죄책감을 느끼기도 한다. 그런데 사업의 세계에서 빚은 전혀 다른 존재로 다가온다. 때로는 든든한 구원의 손길과 희망이 되기도 하고, 사업 확장을 위한 절호의 기회가 될 수도 있기 때문이다. 누구나 그렇겠지만, 나 역시 빚지는 것을 정말로 싫어하는 사람 중 한 명이었지만, 사업을 하면서 상당히 달라졌다. 심지어 처음 사업을 시작하는 사람들에게 "빚질 곳을 마련한 후에 사업을 하라"는 조언을 해주고 싶을 정도다. 하지만 이건 단순히 '돈이 없을 때를 대비하라'는 말과는 약간 다른 의미다.

가장 많이 듣는 두 가지 질문

사업을 시작하면서 가장 많이 듣는 질문 중 하나는 "사업할 때 얼마를 가지고 시작해야 해요?", "예비비는 어느 정도 가지고 있어야 하나요?"라는 것이다. 결론부터 말하자면, 사업은 가지고 있는 돈으로 시작하면 되고, 예비비를 자신이 마련해서 가지고 있기보다는 차라리 '빚을 질 수 있는 든든한 곳 하나를 마련해 두는 것'이 좋다.

우선 '가진 돈으로 사업을 시작하라'는 말부터 살펴보자. 누구나 초기 창업자금은 다 빠듯하다. 그런데 재미있는 사실은 500만 원을 가지고 시작해도 빠듯하고, 1억을 가지고 시작해도 빠듯하다는 점이다. 그 이유는 자신이 가진 돈에 따라서 사업의 규모가 정해지고, 그에 맞는 리스크를 감당할 수 있기 때문이다. 예를 들어 초기 창업자금으로 500만 원밖에 없는 사람이라면 카페를 창업할 엄두를 내지 못할 수밖에 없다. 따라서 소자본으로 시작하는 스마트스토어를 시작한다. 그런데 1억 원을 가지고 있는 사람이라면 스마트스토어보다는 카페 창업을 선호할 가능성이 크다. 그 이유는 돈을 많이 들이면 들일수록 더 많은 돈을 벌 가능성이 크기 때문이다. 동네의 작은 카페라도 잘 되면 하루 매출이 50만 원에서 100만 원까지 될 수 있지만, 스마트스토어는 사업 초창기부터 그 정도 매출을 내기란 불가능에 가깝다. 따라서 1억이 있는 사람이라면 당연히 더 큰 매출을 낼 수 있는 사업을 선호하기 마련이다. 그렇다면 10억이 있는 사람이라면? 당연히 카페보다는 더 규모가 큰 사업을 선호할 것이다. 예를 들어 대규모 무역을 하게 되면 1억을 들여서 카페를 하는 것보다는 더 큰 수익이 보장될 수 있다. 단 한 번의 거래로 1~2억 원 정도를 벌 수 있으니 카페 창업을 생각할 필요가 없다. 그런 점에서 '스마트스토어를 하는데 가장 적절한 창업 비용은 얼마인가?'라는 질문은 크게 의미가 없다고 보면 될 것이다. 그저 자신이 선택한 제품으로 할 수 있는 한에서만 하면 되기 때문이다.

　두 번째는 예비비의 규모에 관한 것이다. 이 예비비의 용도는 크게 두 가지라고 본다. 하나는 정말로 위기일 때를 대비하기 위한 것이고, 또 하나는 설사 위기가 오지 않더라도 최소한 마음의 여유를 갖기 위한 것이다. 그런데 나 역시도 '사람은 참으로 간사하다'라고 느끼는 점이 있다. 일단 당장 내 통장에 돈이 있으면 간절한 마음이 줄어든다. '아직 여유가 있으니까…', '아직 기댈 현금이 있으니까…'라고 생각하게 되면 자신이 가진 마지막 힘을 끌어내기가 생각보다 어렵다. 따라서 적지 않은 여유자금을 가지고 사업을 시작하게 되면 내 사업에 대해 간절한 마음이 조금은 떨어질 수도 있다. 그래서 처음에는 상당히 쪼들릴 정도로 사업을 진행해 나가고, 여유자금이 없는 상태에서의 그 간절함으로 사업을 밀어붙일 필요가 있다. 다만 자금이 부족한 위기가 닥쳤을 때, 혹은 반대로 사업이 잘됐을 때, 또 사업을 더 확장하기 위한 자금이 필요할 때 그때야 비로소 마치 숨겨 놓은 비단 주머니를 열 듯, 빚을 내어 그 위기를 모면하거나 더 확장해 나가는 것이 현명한 방법이다.

파워 셀러 시크릿 노트

사업 확장의 큰 계기

특히 빚은 위기의 순간에도 도움이 되지만, 사업 확장의 순간에도 큰 도움이 될 수 있다. 나 역시 사업을 시작하면서 여기저기 금융권에서 대출을 하라는 연락이 자주 오곤 한다. 그런데 나는 상당히 소심한 편이라 처음에는 대출을 아예 거들떠보지도 않았다. 돈을 벌기 위해서 사업을 하는데 빚부터 진다고 하면 그것도 좀 모순적인 일이고, 나중에 감당할 수 없을까 봐 겁부터 난 것도 사실이다. 특히 내지 않아도 될 이자까지 내야 한다면 이중부담이 될 것 같은 생각에 더 부담스러웠다.

그런데 사업의 원리를 조금만 더 체감하게 되면 빚이라는 것이 꼭 나쁜 것만은 아니라는 사실을 알 수 있다. 예를 들어 학생 때 학자금 대출을 한다고 가정해 보자. 그것 역시 빚이라고 볼 수 있지만, 그 빚이 두려워 학교를 그만둘 수는 없는 노릇이다. 차라리 학자금 대출을 받아 학업을 제때 마친 다음 취업을 해서 그 빚을 다 갚는 것이 훨씬 더 현명하다. 빚이야

갚아버리면 그만이지만, 학업은 시기를 놓치면 되돌리기가 어렵기 때문이다.

사업 확장도 마찬가지다. 자신에게 다가온 절호의 사업 확장 기회를 놓친다면 다시 그것을 잡기가 매우 어렵다. 때로는 빚을 지는 것이 오히려 돈을 버는 일이다. 예를 들어 원부자재 100개를 살 때보다 1,000개를 살 때 단가가 훨씬 저렴해진다. 만약 한꺼번에 1,000개를 살 비용이 없다면 그때 대출을 활용하면 된다. 그러면 이자 비용을 감당해도 오히려 수익은 플러스가 될 수 있다. 이럴 때는 오히려 대출을 받지 않는 것이 손해다. 만약 사업이 아직 초창기에 머물러 있다면 이런 계산까지 나오기가 쉽지 않겠지만, 사업이 발전하면 할수록 '지혜로운 빚 생활'을 해야 할 날이 반드시 올 것이다.

○
○

\\/\\/\\/\\/\\/\\/\\/\\/\\/\\/\\/\\/\\/

초보 사업자에게 브랜딩은
결국 각색의 묘미

/\\/\\/\\/\\/\\/\\/\\/\\/\\/\\/\\/\\/\\

브랜드와 브랜딩은 엄연히 다른 의미와 가치를 지니고 있다. 좁은 의미의 브랜드는 회사 이름이나 심벌, 로고, 모토 같은 것을 의미한다면, 브랜딩은 다른 회사와의 차별화 지점을 명확히 하고 고객의 마음에 매우 구체적인 이미지와 감성을 만들어 나가는 것을 말한다. 특히 브랜딩은 경영학적으로도 매우 다양한 의미를 가지고 있으며, 그 깊이도 넓고 다양하기 때문에 초보자들이 선뜻 나서기가 쉽지 않다. 하지만 처음 사업을 시작할 때라도 분명 조금씩 자신만의 브랜딩을 해 나갈 수 있는 방법이 있다. 나는 그것을 '자신만의 느낌과 결을 살리는 것'이라고 생각한다. 아직 대단한 브랜딩까지는 아니더라도 자신만의 '느낌이나 결'을 제품에 불어넣고, 차별화된 접근을 하고자 노력한다면 조금씩 브랜딩의 세계에 다가갈 수 있을 것이다.

나만의 느낌과 결을 살리는 길

아디다스와 나이키는 동일한 스포츠 의류다. 판매하는 제품의 종류도 비슷하고, 언뜻 제품 자체만 보면 큰 차이가 없는 것처럼 여겨지기도 한다. 하지만 실제 그것을 구매하는 소비자들에게는 다른 이미지로 다가간다. 시스템옴므, 유니클로 등등의 유명 브랜드 역시 듣기만 해도 각각의 브랜드에서 느껴지는 이미지가 소비자들에게 전혀 다르게 다가가는데, 나는 그것들이 소비자들의 인식에 영향을 미치는 '느낌과 결'이라고 생각한다. 어쩌면 가장 낮은 단계부터 시작되는 브랜딩이라고 볼 수도 있을 것이다.

중요한 점은 이러한 브랜딩이 가장 치열하게 전개되고, 또 소비자들에게 강한 영향을 미치는 나라가 바로 한국이란 것이다. 얼마 전에 해외 진출을 위한 미팅을 한 적이 있었다. 나 역시 해외 진출은 처음이기 때문에 설레기도 했지만, 한편으로 '과연 잘 될까' 하는 의구심도 있고, 자신감도 많이 부족한 상태였다. 그래서 미팅을 하면서 이런 속내를 이야기했더니 정작 담당자들이 하는 이야기들은 "한국에서 물건 팔기가 세상에서 제일 어려워요!"라는 것이었다. 그만큼 한국은 트렌드가 빠르게 변하고, 소비자들이 즉각적으로 반응하고, 반대로 그만큼 빠르게 떠나기도 하기 때문이라고 한다. 그런 점에서 한국에서 스마트스토어 사업을 하는 것이 불행일 수도 있겠지만, 정작 나중에 해외 진출까지 생각한다면 행운일 수도 있겠다는 생각이 들기도 했다.

어쨌든 중요한 것은 그렇다면 이런 '느낌과 결'을 어떻게 만들어낼 것인가 하는 점이다. 이를 위해서 초보 단계에서 가장 신경 써야 할 것이 바로 '각색'이다. 똑같은 원천 제품을 가지고도 어떻게 각색하느냐에 따라서 제품의 느낌은 완전히 달라지기 마련이다. 같은 옷이라도 마네킹에 입혀놓고 찍는 사진과 진짜 사람이 입은 걸 찍은 사진, 그리고 자유롭게 허공에 매달려 있는 옷을 찍은 사진은 모두 그 느낌이 다를 수밖에 없다. 한마디로 제품에 색다른 생명력을 불어넣는 일, 그것이 바로 각색이라는 의미다.

제품을 어떻게 포지셔닝 하는지도 각색의 매우 큰 차원이다. 과거에 손목시계는 정말로 시간을 보기 위한 것이었다. 물론 당시에도 명품이라고 불리는 고가의 손목시계가 있었지만, 그것 역시 시간을 보려는 목적은 다르지 않았다. 하지만 지금의 시계는 액세서리에 가깝다. 손목시계를 찼으면서도 핸드폰을 들어 시간을 보는 장면을 그리 어렵지 않게 목격할 수 있다. 이러한 것도 크게는 제품 포지셔닝의 이동이자 또 한편으로는 '각색'의 차원에 들어갈 수 있다.

세상에 한 명밖에 없는 나를 활용하는 법

각색이라고 해서 지나치게 어려운 것이라고 볼 필요는 없다. 그것은 어떻게 보면 '사람의 손을 타는 것'이라고 보면 된다.

샤론델 역시 해외에서 이미 만들어진 세트를 들여오는 경우가 있다. 그런데 이런 제품들은 당연히 국내 제품들의 분위기를 담을 수 없다. 물론 거기에서 매력적인 부분은 살리지만, 다시 제품을 해체하고 재구성하는 과정에서 느낌이 완전히 달라져 '샤론델화'가 된다. 이렇게 사람의 손을 타면서 바뀌는 것이 바로 각색이기도 하다. 이러한 것들은 경쟁업체가 아무리 따라 하려고 해도 쉽지 않다. 한 개인이 살아오면서 가진 경험 전체가 투영되어 만들어지는 것이기 때문이다.

때로는 마케팅 차원에서 각색을 할 수도 있다. 예를 들어 소비자의 제각기 다른 니즈를 반영하는 것도 각색의 한 종류다. 물티슈는 10~20개씩 묶음으로 팔곤 하지만, 그것을 작게 나누어 2~3개씩 파는 것도 소비자의 니즈를 따라가는 하나의 방법이다. 물론 이런 방법을 두고 '그런 건 단순한 판매 기법 아니냐?'라고 말할 수도 있겠지만, 만약 판매하는 다양한 제품들을 모두 이렇게 작게 나누어 팔기 시작하면 그때부터는 이 스마트스토어에 대한 하나의 이미지가 형성되고, 그에 맞는 소비자들은 마니아층이 될 수가 있다.

어떻게 보면 수십만 개의 스마트스토어 사업자가 경쟁하는 플랫폼에서 '그 누구도 팔지 않고, 나만 파는 제품'이라는 것은 사실상 아주 특별한 경우를 제외하고는 불가능한 일이다. 그러나 같은 제품이라도 '나만의 각색'을 하는 일은 매우 손쉽고 효율적이다. 어차피 이 세상에서 '나'라는 사람은 단 한 명이다. 나와 비슷한 친구는 있을 수 있어도 나의 미세한 느낌과 제품을 바라보는 결까지 같은 사람은 단 한 명도 존재하지 않는다. 따라서 이 부분을 살리면 소위 말하는 '각색'은 매우 쉽게 이루어질 수 있을 것이다.

어뷰징에 덜 민감해지는 브랜드의 중요성

온라인상에서 행해지는 '어뷰징abusing'이라는 말을 들어봤을 것이다. 원래는 언론사들이 조회수를 높이기 위해 제목이나 내용을 살짝 바꾸면서 같은 기사 내용을 반복적으로 싣는 것을 의미한다. 이렇게 되면 트래픽이 증가하기 때문에 이익을 극대화할 수 있다. 그런데 이런 어뷰징은 사실 온라인상에서는 공공연한 비밀이기도 하다. 디지털 게임은 물론이고 맛집 선정, 음원 판매, 서적 판매 등에서도 이뤄진다. 물론 일부 온라인 판매에서도 이런 일이 생기곤 한다. 그러다 보니 초보 스마트스토어 사업자들은 이런 부분에 매우 민감하게 반응할 수밖에 없다. 나 역시 초기에는 이런 현실에 대한 불만을 토로하기도 했다. 그런데 이러한 어뷰징이 세상에서 완전히 사라질 수 없다면 차라리 그에 대한 나름의 대처 방법을 찾는 것이 더 나을 듯싶다.

일단 나와 주변의 경험을 종합해 보면, 이렇게 어뷰징에 민감한 사람들은 판매제품이 단일한 경우가 많다. 예를 들어 내가 A라는 제품에 목숨을 걸고 있는 상황에서 경쟁사의 A1이라는 제품이 어뷰징을 하게 되면 정말 짜증이 날 수밖에 없다. 또 사실 그게 어뷰징인지, 아닌지를 파악하기가 힘든 것도 사실이다. 정당한 마케팅 활동에 의해서 판매량이 급등할 수도 있기 때문이다. 여기서 중요한 사실은 그 실체가 무엇이든 간에 만약 내가 여러 가지 다양한 스펙트럼의 제품을 구비하고 있다면 피해를 최소화할 수 있다는 점이다. 예를 들어 A라는 제품의 매출이 월 1,000만 원 정도인데, 만약 이 제품이 타격을 입게 되면 손해는 막심해진다. 하지만 내가 A, B, C, D라는 제품을 동시에 판매하고 있다면 비록 A가 타격을 입더라도 B, C, D가 받쳐주고 있기 때문에 덜 예민해지게 된다. 따라서 결론은 '특정한 제품을 판매하는 것'에 목숨을 걸지 말고, '특정한 브랜드를 만드는 것'에 목숨을 걸어야 한다는 점이다. 만약 'A, B, C, D'라는 각 제품이 하나의 브랜드로 잘 묶여 있고, 소비자에게 제대로 인식되어 있다면 A가 아니라도 얼마든지 다른 제품에 관심을 가지고 자주 방문하게 되고, 결국에는 바로 이것이 든든한 사업 밑천이 된다. 하지만 브랜드 없이 그냥 A라는 제품에만 모든 희망과 기대를 걸고 있는 상황에서 타격을 입게 되면 그만큼 손해가 크고 예민해질 수밖에 없다.

사업을 하다 보면 위기는 수없이 다가온다. 단지 어뷰징만이 아니다. 경쟁사가 몸집을 키운다든지, 또 듣도 보도 못한 기상천외한 제품을 들고 나올 수도 있다. 이럴 때 개별 제품은 얼마든지 타격을 입을 수 있지만, 브랜드 자체는 쉽게 무너지지 않는다는 점을 기억하자.

스마트스토어 사업자의 미래, 자사몰과 3PL 물류까지

스마트스토어는 흔히 '오픈마켓'이라고 불리기도 한다. 내용상의 의미로는 완전히 동일하지만, 오픈마켓이라는 용어는 중개상이라고 할 수 있는 쿠팡과 네이버의 역할이 좀 더 비중있게 다뤄지는 용어라고 볼 수 있다. 플랫폼이 열어놓은 열린 장터에 누구나 참여할 수 있다는 의미다. 그런데 최근 어느 정도 오픈마켓에서 나름의 공력을 쌓은 사람들이 대체로 자사몰, 혹은 독립몰을 꾸려나가는 경향성을 보이고 있다. 이는 더 이상 오픈마켓에만 의존하지 않고 자체적인 웹사이트를 꾸려 그곳에서 직접 고객들을 대응하는 것을 말한다. 쉽게 설명하면 자사몰은 자신이 직접 자신의 돈으로 집을 구입해서 사는 것이며, 오픈마켓은 세탁기, TV 등 풀옵션이 갖춰진 집에 월세로 들어가 사는 것에 비유할 수 있다. 직관적으로 이 둘 중에서 어떤 것이 좀 더 장기적으로 유리한지 알 수 있을 것이다. 물론 아직 경험이 많지 않은 사업자라면 당연히 오픈마켓으로 시작해야 하겠지만, 궁극적으로는 자사몰로 진화하겠다는 계획을 세워야 하며, 여기에 더해 물류까지 독립적으로 꾸릴 수 있다면 일석이조의 사업전략이 될 수 있다.

자사몰을 계획해야 하는 이유

사업 초기에는 오픈마켓에서 자신의 제품이 팔리는 것만 해도 분명 신기할 것이다. 그리고 이렇게 소자본으로 쉽게 사업을 할 수 있게 해준 환경이 무척 고마울 것이다. 그러나 사업이 성공적으로 안착되고 매출이 조금씩 상승하면 그때부터는 자연스럽게 자사몰에 대한 관심이 생길 수밖에 없다. 그 이유는 자사몰이 가지는 장점이 한두 가지가 아니기 때문이다. 그에 반해 상대적으로 오픈마켓은 몇 가지 단점이 있다.

우선 카드결제 수수료, 즉 제품 가격 중 오픈마켓에 지불해야 하는 수수료가 있는데, 매출이 높아지면 적지 않은 비중을 차지하게 되고, 때로는 아깝다는 생각이 절로 들 수가 있다. 마치 노력은 내가 다 하고, 오픈마켓은 편안하게 돈을 벌어가는 것 같은 느낌이 들기도 한다. 두 번째는 고객에 대한 보다 정교한 데이터를 얻기가 힘들다는 점이다. 일부 오픈마켓에서는 이를 제공해 주기는 하지만, 큰 틀에서만 알려줄 뿐, 보다 상세한 데이터를 원하는 사업자에게는 턱없이 부족하다. 이 데이터만 제대로 분석하고 가공해도 지금보다 훨씬 더 과학적인 사업이 가능할 수 있기 때문에 지금 당장은 많은 아쉬움이 드는 것이 현실이다.

세 번째는 독자적인 브랜드를 가지기가 힘들다는 점이다. 아마도 오픈마켓에서 물건을 사본 경험이 대부분 있겠지만, 특별히 자신이 좋아하고 충성도를 가진 브랜드가 아니라면 대체로 해당 제품의 브랜드조차 기억하지 못하는 경우가 대부분이다. 이 말은 곧 사업자는 오픈마켓에서 자신의 브랜드

파워 셀러 시크릿 노트

를 키우기가 극히 어렵다는 점을 의미한다. 이렇게 되면 브랜드의 지속가능성이 떨어지게 되고 늘 타 브랜드와 경쟁해야만 하는 상황에 처하게 된다. 더구나 세입자의 입장에서 주인의 마음에 따라 불안한 상황에 처할 수 있듯이, 오픈마켓의 갖가지 정책에 따라 이리저리 휘둘릴 일도 분명 발생하게 된다.

물론 이러한 상황을 충분히 인지하고 있다 하더라도 '지금 막 시작했는데, 언제 자사몰로 독립할 수 있겠어?'라는 의구심이 들 것이다. 물론 당장 시작하지는 않더라도 자사몰에 대한 계획을 반드시 세워야 하며, 어느 정도 사업이 안정권에 진입하면 초보자라도 자사몰 구축 자체가 그렇게 복잡하고 힘든 일이 아니라는 점을 알아 둘 필요가 있다. 자사몰의 핵심은 결국 광고를 통해 소비자를 유입하는 일인데, 이 부분에서 컨설팅을 하고 실제 유효적절하게 광고비를 집행해 주는 업체도 있다. 따라서 그들 업체와 잘 협의하게 되면 충분히 적은 비용으로도 광고를 시작할 수 있고, 오픈마켓의 고객을 자사몰로 조금씩 끌어오게 되면 차근차근 튼실한 사업자를 꿈꿀 수 있게 된다. 시작할 때 다소 난관이 있을 뿐, 결국 대부분의 사업자들은 자사몰을 꿈꾸게 되고, 최소한 오픈마켓과 자사몰을 동시에 운영하게 되면 매우 훌륭한 순항을 할 수 있다.

꿈을 키워보자, 조금만 더 힘내서!

여기에서 한 걸음 더 나아간다면 그것은 바로 3PL을 통한 물류 독립과 동시에 부가 수익의 창출이다. 3PL이란 영어로 'Third Party Logistics'라고 하며, '제3자 물류'라고 부른다. 이는 기업이 물류 부문의 일부, 혹은 전부를 전문 업체에 아웃소싱하는 것을 말한다. 물론 처음 시작하는 대부분의 사업자는 자체적인 물류 시설을 구축하기 힘들기 때문에 이렇게 아웃소싱을 하게 될 것이다. 하지만 지금의 내 꿈이 그렇듯, 자신의 회사의 독자적인 물류 시스템 구축은 물론 다른 기업의 물류까지 의뢰를 받으면 분명히 수익이 늘어날 수밖에 없다. 물론 아직 꿈이기는 하지만, 경기도 외곽 지역에 4층 정도 건물에서 1층은 카페, 2층은 물류센터로 활용하고, 3층과 4층은 나와 부모님이 각각 사는 원대한 계획을 갖고 있다.

물론 이 정도만 해도 1인 스마트스토어 사업자로서는 큰 성공을 거둔 것이라고 볼 수 있다. 하지만 여기서 꿈을 조금만 더 키워볼 수도 있다. 실제 주변에 사업을 크게 하시는 분은 아예 함께 일했던 직원에게 회사를 맡기고 서로 마진을 나누는 방식으로 운영을 하기도 한다. 또 매출이 일정 이상 오르면 그 수익의 일부를 직원에게 나눠주거나, 물건은 창업자가 가져오고 영업의 형태로 직원이 전적으로 운영할 수도 있다. 일종의 '소사장제'라고 볼 수 있을 것이다.

사업자를 꿈꾸거나 이제 막 시작한 사람에게 이런 꿈은 너무 멀다고 볼 수도 있겠지만, 그래도 마음속 어딘가에는 간직하고 있어야 한다. 매일 힘든 일정을 소화하는 과정에서 몰래 들여다보면 힘과 희망을 얻을 수 있는 나만의 보석상자일 수도 있기 때문이다. 기왕 시작했다면 '평생 하고 싶을 정도로 만들겠다'라는 정도의 단단한 마음과 어떠한 어려움이 있어도 헤쳐 나갈 수 있는 꿈이 있다면 아마도 분명 더 나은 출발이 될 수 있을 것이다.

주말 아르바이트, 평일 아르바이트와 다른 점이 있나요?

매출이 점점 늘어나기 시작하면 아르바이트생은 필수다. 그런데 요즘에는 아르바이트생을 구하기가 힘들다는 자영업자들이 많다. 최저 임금보다 더 주어야 겨우 구할 수 있고, 그것마저도 쉽지 않다. 스마트스토어를 시작하다 보면 정규직을 뽑기 전에는 평일 아르바이트생을 구해야 하는 경우가 많고, 또 사업의 특성상 주말 아르바이트생이 절실할 때가 많다.

쿠팡의 경우 주말이 다가오면서 물량이 쌓이게 되면 금요일까지 아무리 열심히 달려도 로켓배송 물량을 다 소화하지 못하는 경우가 많다. 결국 주말에도 혼자 사무실에 나와 일을 할 수밖에 없는 상황이지만, 그마저도 버거우면 별도의 아르바이트생을 써야 한다. 그런데 "평일에 아르바이트를 하시던 분이 주말에도 하면 안 되나요? 어차피 아르바이트야 시간으로 돈을 받으니까 굳이 싫어하지 않을 것 같은데요?"라고 반문할 수도 있다. 물론 처음에야 나도 그런 예상을 하곤 했지만, 문제는 평일에 아르바이트를 하던 사람은 주말에 아르바이트를 하기 싫어한다는 점이다. 아무리 아르바이트라도 몸을 혹사할 수는 없으니 주말에는 쉬고 싶다는 생각이 간절하기 때문이다. 어느 순간 평일 아르바이트생에게 '주말 아르바이트도 할래?'라고 묻는다는 사실 자체가 '최악'이 된다는 점을 알게 됐다. 따라서 주말에 별도로 일할 사람을 뽑아야 하는데, 이들에게는 몇 가지 특징이 있다.

우선 거의 대부분이 평일에는 직장에 다니는 분들이다. 그래서 이들은 첫 번째로 페이가 높길 바라고, 두 번째로 장시간이어야 하고, 마지막으로 정기적으로 했으면 하는 바람을 가지고 있다. 페이가 높길 바라는 이유는 자신이 단순한 아르바이트생이 아니라는 점에서 기인하는 것 같다. 일하는 방법도 알고 그만큼 능숙할 수 있으니 페이를 높여 부르는 것이다. 또 정기적으로 길게 일하고 싶은 이유는 자신의 안정된 직장만큼이나 안정된 아르바이트 자리를 원하기 때문이 아닌가 추측된다. 그런데 이 부분이 사실은 사업자와 어긋나는 지점이다. 아무리 주말이라고 하더라도 페이를 높게 주기는 힘들고, 하루에 4~5시간이면 끝날 일인데, 그분들을 8시간이나 쓸 수는 없다. 또 사업자 입장에서는 바쁠 때만 쓰면 되지만, 그들은 매주 정기적으로 하고 싶어 하기 때문에 잘 맞지 않는 것이다. 이런 도드라진 특징들이 사업자의 생각과는 맞지 않기 때문에 주말 아르바이트생을 구하기가 좀 더 어려웠다. 결국 이런 문제점들 때문에 친구, 또는 가까운 지인들에게 부탁하는 일이 잦아질 수밖에 없다. 어느 정도 규모가 된다면 주말 아르바이트생을 뽑을 수 있겠지만, 아직 감당할 수 있을 정도가 아니라면 자체적인 방법으로 해결을 모색해 보는 것이 좋다.

공룡 같은 존재, 도매업자와의
경쟁에서 이기기 위해

스마트스토어 업계는 메이저리그와 마이너리그로 나뉘어 있지 않다. 메이저든 마이너든 모두 하나의 시장에서 경쟁하는, 어쩌면 매우 격렬한 시장이기도 하다. 이미 수년간 탄탄한 노하우와 매출을 자랑하는 중견업체도 있을 것이며, 시작한 지얼마 되진 않았지만 발 빠르고 똑똑하게 사업 영역을 넓혀가는 작은 거인도 있을 수 있다. 이제 막 사업을 준비 중인 사람들에게는 다소 불안한 이야기일 수도 있겠지만, 어쨌든 이런 경쟁자의 존재를 무시하고 사업을 시작할 수는 없는 노릇이다. 그런데 이들보다 더 무서운 경쟁자가 있다. 바로 '성공한 도매업자'들이다. 이들은 이미 오프라인에서 수년간 탄탄하게 다진 유통망에 고객 경험, 최신 트렌드 파악 능력까지 갖추고 있다 보니 애초부터 경쟁상대 자체가 되지 않는다. 물론 필드가 완전히 다르기 때문에 다수의 도매업자가 온라인으로 넘어가지는 않겠지만, 그중에서 내가 하려는 아이템 영역에서 그들이 치고 들어온다면 감당하기 힘들 수가 있다. 그렇다면, 처음부터 초보자는 이런 도매업자들에게 주눅이 들면서 사업을 시작해야 할까? 반드시 그렇지만은 않다는 것이 나의 생각이다.

경쟁의 핵심은 바로 '귀찮음'

소비자는 당연히 싼 제품을 사려고 한다. 이는 영원한 진리다. 그런 점에서 도매업자와의 경쟁은 애초부터 '필패'로 운명지어졌다고 볼 수도 있다. 초보자가 아무리 뛰고 날아봐야 수년간 도매업에서 일했던 사람들보다 더 싸게 물건을 살 수는 없다. 그렇다면 결국 마진을 손해 보고 팔아야 한다는 결론인데, 그렇게 해서는 출혈을 감당하지 못해 두 손 두 발을 다 들 가능성이 있다.

스마트스토어에 관심 있는 친구들 중에서 가끔 나에게 '도대체 뭘 팔아야 하나?'라는 질문을 하곤 한다. 그때마다 나는 이렇게 대답한다.

"대형 마트에서 안 파는 제품만 골라 온라인에서 팔아도 성공할걸?"

이 대답에는 두 가지 의미가 담겨 있다. 하나는 '남들이 팔지 않는 걸 팔아야 한다'라는 의미도 있지만, '도매업자들이 팔지 않는 것을 팔아야 한다'라는 의미이기도 하다. 그런데 이러한 조언에도 허점이 분명 존재한다. 상식적으로 이런 희귀템을 찾기가 쉽지 않기 때문이다. 우선 도매업자까지는 아니더라도 다른 스마트스토어 사업자들이 팔지 않는 아이템도 극히 희박하다. 이미 수십만 명의 머리가 스마트스토어에서 '대체 뭘 팔아야 돈을 벌 수 있을까?'를 골몰하는 상황에서 그런 아이템이 어디 있겠는가? 더 나아가 '도매업자들이 팔지 않는 물건'이 어디 흔할까? 아마 절대 그렇지 않을 것이다.

이럴 때는 사고의 전환을 해야만 한다. '도매업자들이 팔지 않는 것'이 아니라 '도매업자들이 팔기 귀찮아 하는 것'에서 답을 찾아야 한다. 도매란 말 그대로 대량의 물건을 한꺼번에 구매하면서 단가를 낮추는 시스템이다. 그렇다면 그 물건의 부피가 큰 것이 좋을까, 아니면 작은 것이 좋을까? 도매업자 입장에서 효율성이 좋은 것은 당연히 부피가 큰 게 좋다. 부피가 크면 단가가 그만큼 비싸지고, 한 번의 거래에서 남는 이익도 많아진다. 보관하는 데에는 비용이 좀 더 들 수 있지만, 옮기거나 수량을 셀 때도 편리하고 단가도 어느 정도 나가기 때문에 자질구레한 신경을 쓰지 않아도 된다. 도매업자들에게 문제는 부피도 작고 단가도 적은 상품들이다. 예를 들어 그간 잔뼈가 굵은 도매상에서 신규로 스마트스토어에 진입할 때 샤롱델에서 파는 작은 크기, 작은 단가의 액세서리 제품을 취급할까? 아마도 귀찮아서라도 하지 않을 것이다. 제품 하나에 몇 십만 원을 남기는 도매상에서 몇 백 원 남기는 액세서리에 눈을 돌리지는 않는다. 바로 여기에 초보자가 진입할 틈새가 열린다. 도매업자가 하기 귀찮아하는 것이라면, 그들과의 경쟁에서 벗어날 수 있는 장점이 있기 때문이다. 앞에서 언급했던 '대형 마트에서 팔지 않는 제품'을 찾으

파워 셀러 시크릿 노트

라는 것은 바로 이런 의미다. 대형 마트에 들어가 있는 물건이라면 당연히 도매상이 이미 존재한다는 의미이며, 만약 그 도매상이 스마트스토어에도 진출해 있다면 이미 격렬한 경쟁을 예상할 수 있다.

다양한 아이디어를 통한 새로운 제품의 추구

도매업자와 경쟁하는 또 하나의 방법이 있다. 그것은 바로 도매업자가 파는 제품에 아이디어를 더해 제품군을 바꿔버리는 일이다. 샤론델의 예를 들어보자. 동대문과 남대문에는 이미 수없이 많은 비즈 공예 도매상들이 있다. 물론 샤론델은 거기에서 물건을 받아오는 소매상이며, 업종도 동일한 비즈 공예다. 그런데 그들과 샤론델이 다른 결정적인 차이점이 있다. 그들은 말 그대로 하나의 제품을 큰 단위로 팔지만, 샤론델은 그것을 작게 나누고, 여기저기서 뽑아낸 제품을 하나의 예쁜 DIY 키트로 만들어서 판다는 점이다. 같은 비즈 공예지만, 이렇게 본다면 제품군 자체가 완전히 달라지는 효과를 거

두게 된다. 그러니까 A라는 제품을 도매업자에게 사와서 약간의 수수료를 얹어 똑같은 제품을 파는 것이 아니라, A라는 제품을 기반으로 X나 Y제품으로 바꾸면 된다는 이야기다.

물론 도매업자들도 샤론델을 따라 할 수 있다. 그런데 단위가 크고 큰돈이 오가는 사업을 해왔던 사람들이 갑자기 태세를 전환해 '오늘부터 100~200원 단가의 물건을 팔아볼 거야!'라고 하기는 정말로 어려운 일이다. 그것은 마치 고래나 참치를 잡던 선원들이 갑자기 내일부터 새우랑 멸치를 잡겠다는 것과 비슷할 정도로 실제 하기 힘든 일이다. 따라서 초보자들이라면 어차피 처음부터 고래나 참치를 잡기는 힘드니까, 차라리 새우나 멸치부터 잡는 것이 훨씬 더 현명한 일이다.

또 하나의 방법이 있다면, 바로 자신만의 특별한 브랜드를 만드는 일이다. 기존의 도매업자들이 발견하지 못했던 제품의 특장점을 최대한 부각하고, 그것을 마케팅 방법으로 내세우면 제품은 또 다른 분위기와 이미지를 가질 수 있다. 애초 도매업자들은 한곳에서 오랜 시간 동안 자리를 잡고 조금씩 인맥을 늘려오면서 대형 업체로 성장한 경우가 대부분이다. 따라서 별도의 영업이나 마케팅을 할 필요성을 많이 느끼지 못한다. 기존에 있던 거래처만 잘 지키고, 그들에게 신뢰를 잃지 않을 정도의 제품 질만 잘 유지한다면 충분히 살아나갈 수 있기 때문이다. 바로 이런 틈새를 치고 나갈 수 있는 것이 소규모 스마트스토어 사업자들일 수 있다.

결론적으로 스마트스토어로 사업을 시작하려면 반드시 '도매업자'를 염두에 두어야 한다. 내가 하려는 이 아이템을 도매로 하는 사람들은 누구일까? 그들이 시장에 진입할 때 나의 생존비결은 무엇일까? 이런 부분을 처음부터 염두에 둔다면 보다 안정적인 미래를 준비할 수 있지 않을까.

○
○

╲╱╲╱╲╱╲╱╲╱╲╱╲╱╲╱╲╱╲╱╲╱╲╱╲

상위노출의 허와 실,
알고 하자

╱╲╱╲╱╲╱╲╱╲╱╲╱╲╱╲╱╲╱╲╱╲╱╲╱

스마트스토어 창업을 위해 여러 자료를 뒤져본 사람들은 아마도 '상위노출'이라는 놀라운 보석을 발견하게 될 것이다. 불특정 소비자가 특정 검색 키워드를 쳤을 때 내 제품이 제일 먼저 눈에 띈다면 정말이지 그보다 더 좋은 기회가 있을까! 그래서 상위노출을 하는 데 특별한 공식이 있는지 찾아보려고 노력하기도 하고, 만약 그게 아니라면 나에게도 상위노출이라는 행운이 찾아오기를 기대하는 마음이 생기는 것도 사실이다. 그런데 이 상위노출의 '허와 실'에 대해서는 반드시 알고 가야만 한다. 이것을 설명해 줄 수 있는 가장 쉽고 간단한 법칙은 '세상에 공짜는 없다'라는 말이다. 누군가가 나를 위해 순수한 마음으로 도와주려고 하지 않는 이상, 공짜라고 생각되는 것은 반드시 그 대가가 따르기 마련이다.

파격할인에 구매를 망설이는 고객들

오늘 하루도 우리는 수많은 마케팅과 광고의 유혹 속에서 살아간다. '공짜! 무료! 파격할인!'이라는 용어들은 소비 심리를 자극한다. 그런데 입장을 바꿔서 생각해 보면, 과연 당신이 뭔가를 팔아야 하는 입장이라면 정말 '공짜! 무료! 파격할인!'이 가능할까? 최소한 그것을 통해서 무엇인가를 얻어내려고 하지 않을까? 물론 이런 마케팅의 방법이 영악하다거나 혹은 나쁜 의도를 가지고 있다는 의미는 전혀 아니다. 소비자를 유혹해야 하는 것은 모든 업체들 입장에서 너무도 당연한 일이고, 나 역시 매일매일 더 예쁘고 갖고 싶은 비즈 공예를 통해서 소비자들을 유혹하고 싶다. 그런 점에서 '세상에 공짜는 없다'라는 말을 다시 한번 각인할 필요가 있다.

사업자가 아무런 비용도 들이지 않고 상위노출이 되는 이유는 여러 가지가 있겠지만, 가장 대표적인 것이 바로 기획전에 참여하는 일이다. 그런데 여기에는 대가가 필요하다. 바로 '가격 내리기와 수수료 높이기'다. 플랫폼상에 상위노출하는 대가로 업체에게 가격인하를 요구하거나 혹은 수수료 인상을 요구하는 경우가 있다. 여기에는 어떤 의미에서 '박리다매'의 개념이 포함이 되어 있다. 상위에 노출이 되면 당연히 매출이 높아질 것이고, 그 대가로 가격을 낮추거나 수수료를 높이면서도 그에 합당한 더 많은 수익을 거둘 수 있다. 물론 상위노출이 도깨비 방망이는 아니기 때문에 무조건 수익이 높아진다고 볼 수는 없다. 따라서 이러한 상위노출 역시 자신이 감당해야 하는 충분한 리스크가 있음을 알고 있어야 한다.

물론 '그래도 수익이 좀 더 높아진다면 나쁠 게 없잖아?'라고 생각할 수 있다. 일단 일차원적인 면에서는 충분히 일리가 있는 말이다. 그런데 문제는 자신의 제품과 회사가 약간의 브랜드가 생긴다면 훗날 부정적인 영향을 받을 수 있다.

내 경우를 사례로 들어보자. 나 역시 인터넷 쇼핑몰에서 제품 구입을 많이 하는 편인데, 내가 좋아하는 특정 브랜드들이 몇 개 있다. 남들이 다 아는 그런 브랜드는 아니지만, 그야말로 내 감성과 취향에 딱 맞는 그런 소규모 브랜드들이다. 그런데 어느 날 그중 A브랜드가 '파격할인'을 한다는 정보를 얻게 된다. 이 얼마나 좋은 기회인가! 내가 좋아하는 그 브랜드에서 가격까지 싸게 해준다니! 당연히 원래의 쇼핑 금액보다 좀 더 지를 수도 있다. 아마도 A브랜드는 분명 그 파격할인을 통해서 평소보다 더 많은 수익을 올렸을 것이다.

신중하고 조심스럽게 접근

그런데 문제는 그다음부터다. 시간이 조금 흐른 뒤, A브랜드 제품을 구매하려다가도 과거의 '파격할인'이 자꾸 떠오른다.

'언젠가 또 할인을 하겠지?'
'언제 할지는 모르겠지만 일단 기다려보자.'
'할인도 안 하는데 지금 사면 손해잖아.'

이렇게 원래 좋아하던 브랜드였지만, 한번 할인으로 제품을 싸게 산 이후에 망설이는 나의 모습을 보면서 '그럼 내 제품을 사는 고객들은 어떨까?'라는 생각에 이르렀다. 어쩌면 그들도 '샤론델의 파격할인'을 기다리면서 제품 구매를 미루고 있을 것이다. 사업자 입장에서는 그리 썩 좋은 소비자 태도가 아니다.

물론 선호하지 않는 브랜드, 혹은 그때그때 간단한 필요에 의해서 구매하는 제품이라면 이렇게까지 망설이거나 기다리지는 않을 것이다. 하지만 모든 사업자의 소망은 소비자에게 기대받는 브랜드, 사랑받는 제품이 되는 것이다.

따라서 만약 사업자라면 이런 제품을 지향하고, 내가 파는 제품이 소비자에게 기대받는 제품이 되었을 때는 지나친 플랫폼 상위노출, 혹은 빈번한 기획전 참여는 분명 조심스럽게 진행해야 한다. 물론 그렇다고 해서 무조건 상위노출, 기획전 참여를 거부하거나 백안시할 필요는 없다. 특히 창업 초기에는 어차피 브랜드의 힘이 쌓이지 않았기 때문에 고객들이 '다음번 파격할인은 언제 하지?' 하며 구매를 망설이지 않을 수 있다.

따라서 처음에는 비록 남는 것이 없어도, 또 설사 조금 손해를 보더라도 과감하게 참여하면서 인지도를 높이는 것이 좋지만, 어느 정도 브랜드화 작업이 되면 보다 신중하게 결정해야 한다.

○

∨∨∨∨∨∨∨∨∨∨∨∨∨∨∨∨∨

알고 보면 유용한
손편지의 여러 가지 쓰임새

∨∨∨∨∨∨∨∨∨∨∨∨∨∨∨∨∨

스마트폰만 있으면 못하는 것이 없는 세상이다. 하지만 이러한 디지털 시대일수록 아날로그 감성은 더욱 빛날 수밖에 없다. 이러한 것을 십분 활용할 수 있는 분야가 바로 스마트스토어가 아닌가 싶다. 손편지는 가장 대표적인 아날로그 감성이다. 개개인의 개성이 듬뿍 담긴 필체에 정성이 들어간다는 느낌이 들기 때문이다. 바쁘고 냉정한 이 시대에, 누군가 나를 위해 손으로 꾹꾹 눌러 글씨를 써 준다는 것 자체가 이미 마음을 따뜻하게 해주는 일이다. 그러다 보니 때로 손편지는 고객의 마음을 움직이고, 불만을 누그러뜨리고, 제품에 대한 충성도를 높여주기도 한다. 샤론델의 경우 처음에는 손편지를 정말 많이 활용했지만, 지금은 '꼭 필요한 경우'에만 반드시 손편지를 쓴다.

고객에게 정 연락이 닿지 않는다면…

어떤 약을 복용했을 때 그 효과가 좋아야 하듯이, 고객 서비스나 마케팅을 했을 때도 그 효과가 좋아야 하는 것은 당연한 일이다. 이럴 때 여러 가지 마케팅 방법이 있겠지만, 그중에서도 가장 대표적인 것이 바로 손편지다. 손으로 일일이 써야하기 때문에 시간도 들고, 많이 쓰다 보면 손도 아프지만, 충분히 그 효과를 얻을 수 있다는 장점이 있다. 특히 고객들은 이 손편지에 대해 예민하면서도 동시에 즉각적인 반응을 보인다.

우선 리뷰를 유도하는 데 큰 도움이 된다. 고객이 구매한 제품을 배송할 때 거기에 손편지를 동봉한다. 동봉한 손편지에는 대략 이렇게 적는다.

"OOO님, 안녕하세요. 이 제품을 구매해 주신 첫 번째 고객이라 너무 감사해서 이렇게 편지를 남깁니다. 제가 더 좋은 판매자가 될 수 있도록 좋은 리뷰를 남겨주시면 감사하겠습니다. 그리고 함께 동봉한 사탕은 제가 드리는 작은 선물이랍니다!"

이렇게 손편지를 남기면 대체로 많은 고객분들이 좋은 리뷰를 써 주시곤 한다.

사업 초창기에는 이렇게 리뷰 유도를 위해 썼다면, 최근에는 환불 요청을 한 후 연락이 되지 않는 고객들에게 주로 손편지를 쓰는 편이다. 예를 들어 고객이 주문을 했는데, 재고가 없거나 품절이 됐을 때는 반드시 그 고객에게 연락을 해야만 한다. 만약 연락이 닿지 않으면 고객은 계속해서 제품을 기다릴 것이고, 제때 배송이 되지 않으면 결국에는 불만이 생길 것이 뻔하기 때문이다. 문제는 계속 연락을 해도 고객이 전화를 받지 않을 때다. 문자를 보내면 그 정도는 확인할 수 있지 않겠냐 싶지만 영 답이 없는 경우가 허다하다. 이러면 사업자의 입장에서는 '내가 연락하지 않은 것도 아니고 고객이 전화를 받지 않은 것이니까 내 책임은 없지 않아?'라고 생각할 수도 있겠지만, 현실은 그렇게 호락호락하지가 않다. 저간의 사정을 설명하더라도 고객은 "내가 전화 안 받은 게 문제인 것처럼 이야기하시네요?"라고 말한다. 이러면 그때까지 연락하기 위해 아무리 노력해도 한순간에 쓸모없는 일이 되어버린다.

물론 고객이 그렇게 이야기하는 것도 이해는 간다. 애초에 품절이 되었거나 재고가 없다면 내가 먼저 미리 손을 써 두어야 할 텐데, 그 부분이 미흡했기 때문이다. 결국 고객과 연락이 닿지 않으면 이래저래 낭패다. 또 아무리 연락해도 전화를 받지 않은 후에 "연락이 없었는데요?"라고 해버리면, 이때 무슨 증거를 대기도 힘들고 참으로 난감하지 않을 수 없다.

글자가 전달하는 진심

이런 상황에서 선택할 수 있는 마지막 수단이 바로 손편지다.

일단 제품 구매에 대해서는 취소와 환불을 해놓은 상태에서 택배 상자에 손편지를 넣어 발송하게 된다. 그렇게 그냥 우체국에서 편지를 보내는 것이 아니라 이렇게 택배 박스에 손편지를 넣는 이유가 있다. 사실 요즘에 일반적으로 중요한 이야기를 편지로 주고받는 경우가 없기 때문에 설사 보관함에 편지가 꽂혀 있더라도 잘 보지 않는 경우가 매우 흔하다. 하지만 자신이 제품을 구매했던 기억이 있는 고객이라면 누구라도 자신에게 온 택배 상자를 열어보지 않을 수 없다. 물론 처음에는 자신이 주문한 제품이 들어있지 않아서 실망할 수도 있지만, 정성스럽게 쓰인 손편지는 그 마음을 녹이기에 충분하다. 뿐만 아니라 이미 환불이 된 상태라서 고객 입장에서는 크게 손해를 본다는 느낌도 들지 않는다. 결과적으로 택배 박스에 넣은 손편지는 고객에게 연락이 닿을 확률도 100프로에 가깝고 사업체의 사정을 전달하기에 매우 안성맞춤이다.

이렇듯 손편지는 창업을 한 이후부터 지금까지도 매우 중요한 고객과의 커뮤니케이션 수단이 되고 있다. 그런데 손편지를 쓸 때 정말 중요한 것은 바로 '진심'이라고 생각한다. 사실 진심은 눈에 보이지도 않고 손에 잡히지도 않기 때문에 손으로 글을 쓴다고 뭐가 그리 대단한 진심이 들어가겠냐고 생각할 수도 있다. 하지만 나는 손에 잡히지 않는 것이기에 오히려 마음을 직접적으로 전달하는 더 강한 에너지를 가지고 있다고 믿는다. 정말로 감사한 마음, 우리 회사 제품을 찾아주어 고맙다는 생각을 가지고 글을 쓰면 거기에 마음의 에너지가 담기고 고객에게도 반드시 전달된다고 믿는다. 손편지를 단순한 마케팅의 수단이 아니라, 고객과 소통하는 훌륭한 방법이라고 생각한다면, 아마도 더 진심이 가득한 손편지를 쓸 수 있을 것이다.

Chapter 4

'멀지 않은 행복'을 만날 오늘의 나를 위해

행복은 멀지 않은 곳에 있다는 이야기를 들어봤을 것이다. 하지만 그렇다고 아무런 노력도 없이 얻는다거나, 손만 뻗으면 잡을 수 있다는 의미는 아니다. 아무리 가까이 있어도 방법을 모르거나 노력을 하지 않는다면, 그대로 신기루처럼 우리 주위에만 떠돌아다닐 분이다. 직장생활을 할 때도 수많은 성공담을 들었지만, 그저 나에게는 신기루 같은 이야기일 뿐이었다. 그 세계에 직접 뛰어들기 전까지는 아무리 강조해도 체감하기가 힘들었다. 사업을 하게 되면 원하든 원치 않든 '새로운 나'를 만나게 된다. 게으름을 이기지 못하는 나를 만날 수도 있고, 외로움에 떨고 있는 나를 만날 수도 있다. 그 무엇이 됐든 이제껏 경험하지 못한 나를 만나는 것은 당연한 일이다. 그러나 너무 낯설어하지도 말고 너무 당황하지도 말자. 그 '새로운 나'를 만나지 못하면 언제까지나 '이미 알고 있던 나'에 불과할 것이고, 그것은 변화와 성공의 강을 아직 건너지 못했다는 반증이다. '멀지 않은 행복'을 만나기 위해 나는 지금부터 무엇을 해야 할까?

○
○

회사에서 배우는 것
VS 사업하면서 배우는 것

∨∕∨∕∨∕∨∕∨∕∨∕∨∕∨∕∨∕∨∕∨∕∨

살면서 될 수 있으면 편안하고, 이러저러한 파도에 휩쓸리지 않고 싶은 것이 당연한 사람의 마음이다. 누구라도 그런 힘든 일을 반기지 않으며, 자신이 먼저 나서서 혼란을 수습을 해야 하는 골치 아픈 일에 엮이려고 하지 않는다. 그런데 우리가 사는 동안 꼭 그렇게 편안한 삶을 살 수 있을까? 평생토록 누군가의 철저한 보호를 받지 않는 이상, 때로는 맨몸으로 어려운 일들과 맞서야 하는 건 지극히 당연하다. 되돌아보면 나는 회사 생활을 통해서도 성장을 했지만, 이후 사업을 하면서 더 큰 성장을 했다. 그런데 이것은 단순히 성장의 크기에 관한 이야기가 아니다. 회사에서의 성장과 사업에서의 성장은 질적으로 차원이 다르고, 그 강도와 파급력, 속도 면에서도 비교가 안 된다. 성장을 위해서 사업을 할 필요는 없겠지만, 사업을 하게 되면 직장생활을 하는 또래들과는 비교가 안 될 정도로 성장해 있는 자신을 발견할 수 있을 것이다.

보호막이 있는 것과 없는 것의 차이

흔히 직장생활을 '온실 속의 화초'에 비유하기도 한다. 나는 비록 온실에 있다고 하더라도 그것 자체로 충분히 의미가 있다고 본다. 막 사회생활을 시작한 사람이 갑자기 거친 야생에 던져졌을 때 그것을 감당하지 못하고 미처 꽃도 피우지 못한 채 사그라들 수 있기 때문이다. 하지만 일정하게 온실 속에서 자라는 경험을 했다면, 그 다음에는 더 큰 세상을 향해 나아가는 것이 성장의 관점에서 충분히 의미가 있다.

일단 회사 생활에서의 배움과 성장은 '보호막이 있는 성장'이라고 생각한다. 보호막이라는 말에서 느낄 수 있듯이, 다소 안전하고, 대안이 있으며, 누군가가 막아줄 수 있는 최후의 보루가 존재한다는 의미다. 게다가 아주 특별한 창의성이 요구되지도 않는다. 신입사원이 상사에게 a를 배웠다고 하면, 그것을 현실에 잘 적응하면 될 일이지, 갑자기 b나 c를 창의적으로 만들어 낼 일은 그리 많지 않다. 그리고 그 모든 것의 프로세스는 이미 정해져 있으며, 상사는 그것들을 이미 숙지하고 있다. 한마디로 '잘 됐을 경우의 시나리오와 그렇지 않았을 때의 시나리오'를 이미 머릿속에 그리고 있고, 상사가 굳이 말하지 않아도 이미 위기 대응책이 존재한다. 따라서 설사 사원이 실수를 하더라도 회사 차원에서는 충분히 방어가 가능한 수준이라고 볼 수 있다. 한마디로 '각본 있는 드라마'이며 '정답'을 배워나가는 과정이다.

그런데 사업에서는 이런 여러 가지 보호막이나 각본, 최후를 대비해 주는 시나리오 같은 것이 존재하지 않는다. 일단 생기는 문제 자체가 기존에 전혀 겪어보지 못한 것일 뿐만 아니라, 누군가 정답을 제공해 주지도 않고 대책을 마련해 주지도 않는다. 해야 할 것은 모두 스스로의 순발력으로 그때그때 대응해야 한다. 예측하기가 힘들고 그 강도도 세기 때문에 한 마디로 '각본 없는 드라마'라는 표현이 딱 들어맞는다. 게다가 전혀 예상치 못한 상태에서 일이 터지기도 한다. 직장에서는 그래도 나름 '이럴 때 잘못하면 안 돼'라고 스스로 위기를 감지할 수 있는 순간이 있다. 그런데 사업에서는 그런 게 없다. 살만하면 닥쳐오고, 살만하면 터지는 게 위기다.

책임이라는 부분에서도 차원이 다르다. 회사에서는 자신이 책임지지 못하면 상사가 책임을 져줄 수 있다. 물론 죄송하고 민망한 마음이 들 수밖에 없겠지만, 어쨌든 누군가는 나의 뒤편에서 버티고 서 있다. 하지만 내가 운영하는 회사에서는 아무리 직원들이 함께 걱정해 주어도 그 책임은 오롯이 나에게 다가올 수밖에 없다. 감정의 진폭이 더 커지고 도피할 수 없는 고립감까지 느끼면서 극도의 스트레스를 받을 수도 있다.

무엇을 선택할 것인가?

물론 모든 사람들이 다 이런 '고통 속의 성장'을 기꺼이, 즐겁게 받아들이지는 않는다. 개개인의 성향에 따른 차이가 분명히 있기 때문이다. 실제로 주변에는 루틴한 삶을 너무 좋아하는 분들도 많다. 9시에 출근하고 6시에 퇴근하는, 이렇게 주 5일이 돌아가는 생활을 너무 만족스러워 하는 경우다. 이런 분들에게 물어보면 "별일 없는 게 별일이야!"라며 즐겁게 자신의 생활을 설명하는 경우도 있다. 어쩌면 이런 성향의 사람들은 '각본 없는 드라마, 루틴이라곤 상상하기 힘든 사업가'의 길을 걷기는 무척 어려울 것이다.

직장에서의 성장에 충분함을 느끼며 머물 것이냐, 아니면 그 파도를 더 뛰어넘어 사업에서의 성장을 꾀할 것이냐는 결국 자신의 선택의 문제일 뿐이다. 하지만 최소한 나의 성향으로만 보자며, 더 크게 성장하는 것을 즐겁게 받아들이고, 루틴이 깨져도 그 변칙에서 오는 흥미진진함이 그 자리를 채워준다면 충분히 그 파도를 향해 나갈 수 있다.

사업을 시작하면서부터 겁먹을 필요는 없을 것이다. 그러나 앞으로 다가올 상황을 '루틴이 깨지는 고통'으로 받아들일 것인가, 아니면 '변칙과 일탈이 주는 흥미진진함'으로 받아들일 것인가는 한번 진지하게 생각해 볼 필요가 있을 것이다.

그 여하에 따라 앞으로 걸어갈 길이 훨씬 더 가벼운 발걸음이
될 수도 있기 때문이다.

o
o

\/\/\/\/\/\/\/\/\/\/\/\/\

사업 실패 원인 1위,
과연 극복할 수 있을까?

/\/\/\/\/\/\/\/\/\/\/\/\

야심 차게 시작했지만, 누구나 장애물을 만나기 마련이다. 주
변에서 열정을 가지고 도전했지만 실패한 사람들을 지켜본
결과, 실패의 원인 1순위는 단연 '꾸준하지 못함'이었고, 그
결과 '포기가 너무 빠르다'라는 것이었다. 그런데 이런 이야
기들은 이제까지 살아오면서 참 많이 듣지 않았는가? '인내
심을 가져야 한다, 꾸준히 해야 한다, 될 때까지 해야 한다, 포
기란 김치 담글 때나 쓰는 말이다' 등등 … 어쩌면 너무 많이

들어서 이제는 식상할 정도다. 그런데 정작 사업 실패의 원인은 이 식상함 때문이다. 이러한 실패의 근본적인 원인 중 하나는 개개인의 인내심 부족도 있겠지만, 아이러니하게도 스마트스토어의 장점 때문이기도 하다. 즉, 너무 쉽고 가볍게 생각하다 보니 빠르게 실패를 확정 짓고, 더 이상 노력을 하지 않는다는 점이다.

너무 빠른 포기의 이유

우선 쉬운 사례부터 한번 들어보자. 다이어트를 위해, 혹은 건강을 위해 운동을 시작한다고 해보자. 이런 상황이라면 이것저것 살 것도 많고 쓸 돈도 늘어난다. 운동복도 사야 하고 개인 PT를 받는데도 돈이 들어간다. 음식도 주의해야 하니 예전에는 쓰지 않았던 돈도 쓸 수 있다. 아마 한 달에 50만 원 정도는 훌쩍 들어갈 것이다. 그렇게 1년이 흘러 살을 빼고 원하는 몸매를 만들었다면 600만 원이 문제랴. 내년에는 1,000만 원을 써도 아름다운 몸매와 피부에 투자할 수 있을 것이

파워 셀러 시크릿 노트

다. 설사 실패했다고 하더라도 1년 정도 운동했으니 조금이라도 변화가 있을 것이고, 그 기간 동안 운동을 해낸 자신을 칭찬해 줄 수도 있다. 성공했든 하지 못했든 600만 원이라는 돈을 크게 마이너스라고 생각하지는 않을 것이다.

1년 내내 아침에 출근해 저녁까지 힘들게 일하고 퇴근한다. 그런데 1년 뒤면 애초에 계획했던 적지 않은 돈을 모을 수 있을까? 아마도 마이너스가 아니라면 다행일 것이다. 하지만 일반적으로 그렇게 보낸 1년을 '헛짓'했다고 보지는 않는다. 그 기간 동안 사회 경험도 하고, 커리어도 쌓고, 또 생활비도 벌었으니 크게 밑지는 장사라고 보지는 않는다.

그러면 이제 사업을 한다고 가정해 보자. 1년에 600만 원을 썼지만 이렇다 할 성과가 없다거나 혹은 큰돈을 모으지 못해 플러스마이너스 0원이라고 해보자. 이럴 때 사업자에게는 운동을 했거나 직장생활을 했을 때와는 다른 마음이 들게 된다. 자신이 실패했다고 생각하고, 과연 사업이 내 체질에 정말 맞는 건지 의심하기까지 한다. 또 '역시 나는 안 되나 봐'라고 하며 실망하기도 한다.

그런데 왜 비슷한 상황에서 사업은 실패했다고 생각할까? 그 말은 사업을 시작할 때 이미 너무 만만하게 생각했기 때문이다. 스마트스토어를 취미나 부업으로 가볍게 시작하는 것은 권장할 만하지만, 그러한 접근 방식과 사업 자체를 '만만하게' 보는 것은 다른 차원이다. 사업을 만만하게 보고 시작한 데다, 기대를 너무 크게 가졌는데 당장 결과가 나오지 않으니 '실패'라고 인식해 버린 것이다. 그러면 바로 포기로 이어진다. '이렇게까지 노력했는데 안 되니까 포기하는 것이 더 낫겠다'라는 생각을 자연스럽게 하게 된다.

그런데 우리는 무엇인가를 새롭게 시작할 때면 다양한 방법을 시도해 본다. A라는 운동을 해보다가 잘 맞지 않으면 B나 C를 시도해 보기도 하고, 취미 생활을 할 때도 처음에는 재미있다가 재미가 없어지면 다른 것으로 갈아타기도 한다. 사실 스마트스토어 사업도 이래야만 한다. 제품 자체의 경쟁력이 없는 것은 아닌지, 혹은 나와 고객과의 소통은 잘 되고 있는지, 혹은 사진의 퀄리티나 마케팅 방법이 잘못된 것은 없는지를 생각하고, 다양한 경험을 통해 자신을 발전시키기 위한 노력을 끊임없이 시도해야 한다는 의미다. 그러나 이 모든 시도를 하기도 전에 너무 쉽게 포기하는 것, 바로 이것이 스마트스토어 사업 실패 원인 1순위다.

사업에서 자신만의 흥미 찾기

이렇게 빠른 포기를 하는 것에는 또 하나의 원인이 있다. 그것은 바로 '흥미'라는 것을 배제하고 사업을 하기 때문이다. '사업을 하면 당연히 돈을 벌어야 한다'라는 인식이 강하게 박혀 있다 보니 한 달, 두 달 흐르면서 돈을 벌지 못하면 조금씩 초조해지게 된다. 자신의 방법이 맞는지 의심하게 되고, 이 과정을 거치면서 점차 흥미를 잃게 된다. 사실 흥미란 그 어떤 분야라도 제일 중요한 부분을 차지할 것이다. 하기 싫은 공부라고 하더라도 조금이라도 흥미가 붙으면 공부를 하는 자세가 완전히 달라진다. 학창 시절에도 공부 잘하는 친구들을 보면 꼭 억지로 하지는 않았다. 어떤 방식으로든 흥미를 가지고 있고, 그 흥미를 공부 안에서 충족하다 보니 점점 더 열심히 하게 되는 것이다.

사업도 마찬가지다. 궁극적으로 돈을 버는 것이 최종 목적이겠지만, 처음부터 돈을 번다는 것은 무리이기 때문에 장기간을 버틸 수 있는 '과정에서의 흥미'가 있어야 한다. 예를 들어 숲을 건너 자신이 원하는 목적지에 가려고 한다고 해보자. 그런데 목적지에만 너무 몰입해 있으면 당장 숲이 보이지 않는다. 아무렇게나 자란 나뭇가지, 웅덩이, 벌레 등은 귀찮고 짜증 나는 방해물일 뿐이다. 그리고 이러한 상태가 계속되면 '내가 이런 더럽고 위험한 숲을 왜 건너야 하지?'라는 의문이 생긴다. 이렇게 되면 결국 목적지를 포기할 가능성이 높아진다.

반대로 목적지까지 가는 동안 나무를 보며 신기해하고, 웅덩이를 보면서 자연의 생태계를 느끼고, 벌레를 보면 '이런 신기한 녀석도 있었네!'라고 느낀다면 어떨까? 목적지로 가는 길 자체가 재미있고 시간 가는 줄 모를 것이다. 그리고 이렇게 흥미를 느끼며 탐구하다 보면 어느덧 자신도 모르는 사이 목적지에 도착해 있을 것이다.

사업을 할 때 꼭 필요한 것 중 하나가 바로 '돈을 버는 과정에서 느끼는 흥미'다. 끊임없는 테스트로 다양한 경험을 쌓고, 그것을 축적해서 자신만의 노하우를 만들어 나가는 것이다. 자신의 생각이 현실에서 적중하면 사람은 누구나 흥미를 느끼기 마련이다. '아하! 바로 이거구나', 혹은 '아, 이건 안 되네'라는 감탄과 실망이 오가는 사이에서 흥미가 생기고 때로는 승부욕이 생기게 된다. 예를 들어 이번에는 타깃층을 바꿔

본다든가, 지금까지와는 전혀 다른 파격적인 제품 구성을 한다든가, 의외의 이벤트를 하다 보면 그때그때 반응이 다르게 오면서 조금씩 자신만의 데이터가 축적된다. 이것은 한마디로 사업을 하면서 세상과 고객을 바라보는 자신만의 시각을 기르는 일이며, 그 자체가 돈으로 향하는 흥미진진한 길을 즐기는 일이다.

특히 제품 소싱 방법을 자신에게 소중한 사람을 위해 선물한다는 마음으로 적용해 보면 좀 더 깊은 고민을 할 수 있다. '이 제품을 부모님에게 선물해 드린다면 어떨까?', '새로 생긴 남자친구, 혹은 여자친구에게 선물을 한다면?', 혹은 '정말 귀엽고 사랑스러운 후배에게 선물한다면 어떤 걸 골라야 할까?' 이러한 고민들을 하다 보면 보다 고객 입장에서의 니즈를 파악할 수 있을 것이다. 그러다 보면 조금 더 현실적인 솔루션을 찾게 되고 분명 현실에서도 효과가 있을 것이다.

'어떠한 어려움이 있어도 절대 포기하지 마라!' 정말로 흔하디흔한 말이지만, 결국 이것이 스마트스토어 사업 실패를 막아주는 가장 중요한 말이라는 사실을 잊어서는 안 된다. 다만 '무조건 해보자'라는 마음만으로는 그 인내심이 바닥날 수 있으니, '흥미'라는 땔감으로 그 시간을 보낼 수 있다면 훨씬 더 긍정적인 결과를 만들어 낼 수 있을 것이다. 여기에 '직장 생활 1년을 해도 돈을 못 모으는 경우가 허다한데, 사업 1년 해서 본전이면 괜찮은 거 아니야?'라는 멘탈을 가진다면 더 자신 있게 자신의 길을 걸어갈 수 있을 것이다.

사업,
홀로 서는 법을 배우는 과정

성인이 되어 홀로서기를 하지 못하면 그것도 부끄러운 일이 지만, 왠지 이 말에는 쓸쓸함도 조금은 배어 있는 듯하다. 가족, 친구, 동료… 친하고 의지했던 사람들에게서 어느 정도는 멀어져야 한다는 의미이기 때문이다. 그런데 사업에서 이런 홀로서기의 과정은 피할 수가 없으며 때로 냉정하고 혹독하게 다가올 때가 많다. 자녀의 사업을 누구보다 응원해 주는 가족들에게도 섭섭할 수 있고, 내가 월급을 주는 직원들에 대해서도 아쉬운 마음을 감출 수 없는 경우가 종종 있다. 어쩌면 이러한 감정적인 냉탕과 온탕을 오가는 과정이 바로 사업일 수도 있다. 하지만 그 과정에서 느끼는 감정이 부정적이라고 해서 그 결과 역시 부정적이라고 예단할 필요는 없다. 타인에게 의존하지 않고 오로지 자신의 힘으로 올곧게 설 수 있다면, 그것이 오히려 타인에게 더 많은 배려를 할 수 있고, 그들을 품을 수 있는 더 따뜻한 사람이 되는 과정이 될 수 있기 때문이다.

왜 다들 내 마음 같지 않지?

일단 사업을 하는 순간부터, 응원을 받기도 하지만 반대로 '성공과 실패'에 대한 집요한 관심을 받아야 하는 처지가 되곤 한다. 특히 가족에게는 더욱 그렇다. 사업을 하는 순간부터 매 시기마다 가족이 결부되지 않을 수 없다. 처음 시작할 때 부모님의 허락을 받아야 하고, 또 직장 없이 혼자서 초창기를 견딜 때도 가족의 도움은 필수적이다. 그런데 또 한편으로 사업에 진척이 없고 결과가 눈에 보이지 않으면 가족은 가장 부담스러운 시선을 주는 사람들이기도 하다. 어느 순간부터는 응원보다는 실망감을 표하며 '이제 그만 두고 딴 길을 알아봐야 하지 않겠니?'라고 브레이크를 걸 수도 있기 때문이다. 따라서 가족은 가장 든든한 응원군이기도 하지만, 가장 빠르게 사업에 대한 인내심을 바닥나게 하는 존재이기도 하다. 그런 점에서 너무 부담을 가질 필요는 없겠지만, 부모님에게 어느 정도 사업의 미래를 확신할 수 있게 하는 것도 사업자가 해야 할 몫이기도 하다.

다만 어느 정도 성과가 생기면 그때부터는 탄력을 받게 되고 가족들에게도 당당해질 수 있지만, 그 전까지는 아무래도 도움을 받아야 한다. 예를 들면 간단하게 배송을 위한 포장작업 정도를 도와달라고 하는 것이 일반적이다. 그런데 중요한 점은 이럴 때 '개인적인 욕심'이 발동된다는 것이다. 함께 일하다 보면 '가족도 내 마음 같지 않구나!'라며 실망할 수 있기 때문이다. 당일 새벽까지 일을 다 끝내야 하지만 일을 도와주다 졸리다며 방으로 들어가 자는 경우도 있고, 그럴 때는 내 마음만 급하지 가족이라고 해도 생각만큼 나보다 일에 집중하지 않는다고 느끼게 된다. 그럴 때는 '왜 다들 내 마음 같지 않지' 하는 원망이 들기도 한다. 특히 '내가 돈을 벌면 나 혼자

이 돈을 쓸 리도 없고, 다 가족을 위해서 쓸 것 같은데…' 이런 내 마음을 몰라주는 가족에게 서운함이 들 수밖에 없다. 사실 나 역시 사업을 하면서 가장 서글플 때가 바로 그런 때였고, 이를 심각하게 느낄 때마다 사업을 지속하기가 힘들 정도였다.

직원을 뽑게 되면서 이런 개인적인 욕심에 가까운 감정을 또 한 번 느끼곤 했다. 내 입장에서는 직원들이 마치 자신의 일처럼 회사 일을 해주었으면 하고, 최소한 나를 케어해 주지는 못해도 내가 크게 신경 쓸 일 없이 잘 돌아갔으면 하는 바람이 있다. 하지만 이것도 만만치 않은 일이기도 하다. 물론 직원들도 늘 회사가 잘 되기를 바라고 대표인 내가 지쳐 있을 때 위안이 되는 말을 해주지만, 그렇다고 나를 대체할 수 있는 사람들은 아니라는 사실을 깨닫곤 한다. 결국 가족도, 직원도 나의 열정 온도가 100이니까 최소한 70~80 정도라도 함께 해주면 좋겠지만, 그마저도 쉽지는 않다.

마음을 내려놓는 훈련

그런데 사실 가족도 직원도 내 마음과 같지 않은 이유를 충분히 이해할 수 있고, 또 이해해 주어야 한다. 아무리 가족이어도, 그래서 열심히 도와준다고는 해도 각자의 삶이 있고, 관심 분야가 다르고, 미래의 목표가 다를 수밖에 없다. 억지로 모이게 해서 '내가 하는 일을 해야만 해!'라고 하는 것 자체가 이미 욕심의 출발점이다. 조금이라도 도와주면 정말 감사해야 할 일이지, '피곤해도 잠자지 말고 내 일을 도와야 한다'라고 생각하는 것 자체가 무리이기 때문이다. 직원들 역시 당연히 '나와 같은 마음'이 될 수 없다. 그들 역시 하루하루 일에 최선을 다하겠지만, 결국 궁극적으로 지향하는 바가 다르고, 직원이 대표가 될 수는 없으니 이 역시 마찬가지다.

사업을 할 때는 바로 이렇게 '마음을 내려놓는 훈련'을 통해 남에게 의지하지 않으려는 마음을 가지는 것이 매우 중요하다. 그 누구도 나를 대체할 수 없다는 점, 결국 모든 책임은 온전히 나에게 돌아올 수밖에 없다는 점을 깊이 각인한다면, 누군가에 대한 서운한 마음도 줄어들 것이다. 그리고 나중에는 결국 그 서운한 마음 역시 하나의 성장통이었음을 깨닫게 될 것이다.

반면 사업이 조금 더 성장하게 되면 가족과의 대화도 많아지고, 서로를 이해하는 폭도 훨씬 넓어진다. 나에게 가장 큰 변화는 아버지와의 대화가 부쩍 늘었다는 점이고, 또한 아버지의 가장 열렬한 지지자로 변했다는 점이다. 어릴 때는 아버지가 하시는 결정과 행동이 도저히 이해가 되지 않을 때도 있었지만, 지금은 내가 사업을 하다 보니 너무도 잘 이해되곤 한다. 아마도 우리 집에서 아버지를 가장 많이 응원하는 사람은 나일 것이다. 게다가 아버지도 딸에 대한 자부심이 늘어나신 것 같다. 당신은 29살에 사업을 시작하셨는데, 딸은 그보다 1년이나 빠른 28살에 시작했다며 대견하다는 말씀도 하신다. 더군다나 온갖 세상의 풍파가 있다고 하더라도 가족을 지켜줄 수 있는 또 하나의 든든한 사업체가 있다는 것에 안심이 되기도 한다.

'홀로서기'란 남들로부터 일부러 떨어지기 위한 것이 아니고, 서운하다 못해 아예 외면하기 위해 하는 것도 아니다. 나부터 홀로서야 누군가에 의지하지 않게 되고, 또 그들에게 폐를 끼치지 않게 된다. 이렇듯 진정한 홀로서기를 했을 때만이 더 넓어진 마음과 시야로 더 따뜻한 가슴을 가질 수 있다.

사업 후 변하는 것, 좋거나 혹은 나쁘거나

사업이 어느 정도 궤도에 오르게 되면 적지 않은 것들이 변하게 된다. 인간관계, 사람을 보는 방식, 시간을 쓰는 방식, 인맥의 패턴 등 과거에는 생각지도 못했던 여러 가지가 변하기 마련이다. 어떻게 보면 긍정적일 수도 있을 것이고, 또 다른 면에서는 부정적으로 보일 수도 있다. 그러나 그 무엇이든 간에 일단 변하는 것 자체에는 다 나름대로의 합리적이고 그럴듯한 이유가 있다. 누군가 주변에서 잘 나가거나 혹은 연예인이 되면 "사람이 변했어!"라는 말을 하곤 한다. 그 말에는 약간의 서운함과 냉정함이 담겨 있고, 그 뉘앙스는 부정적인 경우가 많다. 하지만 내 생각에는 사람이 변했다기보다는 정확하게 '환경'이 변한 것이고, 사람은 그 환경에 따라 자연스럽게 적응하거나 자신만의 효율성을 찾아나갈 뿐이다. 그런데 더 중요한 문제는 이러한 변화의 과정에서 '나 혼자도 행복할 수 있는 방법'을 반드시 찾아야 한다는 점이다.

계속 인간관계가 줄어드는 이유

보통 사업하는 사람들의 이미지를 보면 인맥도 넓고, 활발하게 사람을 만나는 모습이다. 술자리, 골프, 각종 친목 모임에도 자주 나가 명함을 건네면서 자신을 알리기도 한다. 대체로 '비즈니스적인 이유' 때문일 것이다. 사람을 많이 아는 것이 결국 사업에 도움이 되는 경우가 많은 것은 사실이다. 하지만 내가 사업을 경험한 바에 의하면, 그런 분들은 스스로 상당한 노력을 기울이는 경우라고 볼 수 있다. 사업의 특수성이 있기는 하겠지만, 나의 경우는 특히 스마트스토어 사업이라는 점 때문에 만남은 더 줄어들고, 만나고 싶지 않은 사람은 더 많아지는 경우가 흔했다. 인간관계가 사업을 하기 전보다 훨씬 더 줄어들게 된다. 결국 극소수의 아주 친한 사람 이외에는 만남 자체를 잘 갖지 않게 된다. TV에서 한 연예인이 '연예인이 되고 난 후부터 많은 인간관계가 정리되더라'는 이야기를 들은 적이 있다. 내가 연예인은 아니지만, 상황의 변화로 인해서 인간관계가 어떻게 변하는지는 충분히 이해할 수 있을 정도가 됐다.

나 같은 경우 뉴스와 방송을 탔기 때문에 일단은 평범한 사업자보다는 훨씬 많이 알려졌다고 볼 수 있다. 그러다 보니 그리 친하지 않은 사람들이 찾아오는 경우가 많다. 대개 혼자서 오는 경우보다 내가 모르는 누군가를 함께 데려오는 경우가 대부분이었다. 대화의 주제는 오랜만에 만난 사람들끼리의 반가움과 안부를 묻기도 하겠지만, 대체로 내 사업의 노하우를 물어보는 경우가 많다. 그런데 문제는 왠지 대화의 뉘앙스가 그리 호의적이지 않다는 것이다. 진심 어린 소통이라기보다는 뭔가 하나라도 더 얻어가려는 느낌이 일반적이다. 심지어 '네가 잘 되기를 바란다'라는 말을 하지만, 왠지 그 이면에는 독한 질투심마저 느껴지기도 했다. 누군가를 만나는 일은 참 즐거워야 하지만, 이렇듯 앙금을 남긴다면 어쩔 수 없이 관계를 끊을 수밖에 없는 상황에 처하기도 한다.

이런 일을 많이 겪다 보니 일부 매우 잘 나가는 사업자들이 왜 주변에 자신의 일에 대해서 이야기하지 않는지 알게 됐다. 심지어 부업으로 스마트스토어를 운영하던 한 지인은 매출이 월 1억 원이 훌쩍 넘는데도 회사 동료나 친구들이 거의 모르는 경우도 봤다. 결국 그분은 나중에 퇴사해서 본업으로 자기 사업을 하기는 했지만, 그 전까지는 입을 꾹 다물고 있었다. 이제는 왜 그분이 그렇게까지 자신의 일을 숨겼는지 이해할 수 있게 됐다.

특히 이렇게 관계가 이어지는 가운데 느껴지는 시간의 아까움은 말로 표현하기가 힘들다. 결국 '지금 이렇게 의미 없는 대화를 하고 있느니, 차라리 제품 업로드를 한 시간 더 하면 더 많이 팔릴 수 있을 텐데…', 혹은 '제품 사진을 찍는 데 더 신경을 쓰면 소비자들에게 더 어필할 수 있을 텐데…'라는 생각이 들면서 자연스럽게 관계가 점점 좁아지게 된다.

왜 끼리끼리 모이는 거지?

일로 인해서 만나는 관계도 좁아지는 건 마찬가지다. 처음에는 도매상을 뚫느라 여기저기 발로 뛰어다니다 보니 새로운 사람도 많이 만나지만, 일단 한번 세팅이 되면 그 이후로 모든 주문은 문자로 이뤄지기 때문에 더 이상 만날 이유 자체가 사라지게 된다.

물론 이렇게 관계가 좁아지는 부분에서는 아쉬움도 있다. 30대 초반이라면 가장 왕성하게 사회생활을 할 시기이고, 이때 쌓은 관계가 10~20년을 이어지면서 도움이 되는 경우가 많기 때문이다. 하지만 그 부분에 있어서 일종의 '해탈(?)'을 했다고 할까? 결국 무엇인가를 선택하는 것은 무엇인가를 포기해야 한다는 의미이기에 지나친 욕심을 가질 필요는 없다. 하지만 그렇다고 인간인 이상, 그에 따른 부정적인 감정에서 완전히 벗어나기 힘든 것도 사실이다.

문제는 이를 타개하게 위해서 같은 업종에 있는 사람들을 만나기 위해 활동반경을 넓히기도 하지만, 거기에서도 '끼리끼리의 모임’이 생겨나면서 불편한 마음이 생길 수도 있다. 그러니까 판매 규모가 엇비슷한 사람들끼리 모이게 된다는 점이다. 백만 원의 매출을 하는 사람이 몇 천만 원 이상의 매출을 하는 사람들의 모임에 끼기는 상당히 힘들다. 물론 처음에는 나도 이런 것이 잘 이해가 되지 않았다. ’끼리끼리 모여서 은밀한 사업을 하는 것도 아닌데, 굳이 그렇게 매출에 따라서 사람을 분류하고 배제할 필요가 있느냐’ 하는 의문 때문이었다. 그런데 막상 사람들을 만나다 보니 그러한 끼리끼리의 모임은 단지 매출의 차이 때문만은 아니었다. 그것은 ‘고민의 차원’이 다르기 때문이다. 매출이 몇 백만 원대인 사업자와 몇 천만 원 이상인 사업자는 고민의 차원이 다르고 생각하는 방향도 다르다. 당연히 서로가 해줄 수 있는 조언도 다를 수밖에 없다. 이렇게 대화의 수준이 달라질 수밖에 없기 때문에 설사 누군가를 끼워준다고 해도 결국 소외감을 느끼기 마련이다. 따라서 이러한 ‘끼리끼리’의 모임이 꼭 누군가를 배제하기 위한 것만이라고 보기는 힘들다.

중요한 점은 사업을 하면서 느끼게 되는 이러한 답답함과 고립감을 어떻게 이겨낼 수 있느냐 하는 점이다. 한편으로는 결혼이라는 것도 그 대안이 될 수 있다. 일단 결혼을 하게 되

파워 셀러 시크릿 노트

면 늘 나와 함께 할 수 있는 사람이 있기 때문에 비록 다른 인간관계가 좁아져도 안정적으로 서로 교류할 수도 있기 때문이다. 거래처들 중에서 부부가 함께 운영하는 경우도 있고, 부인 혹은 남편을 도와주기 위해 간간이 출근하는 경우도 보았다. 가장 이상적으로 꿈꾸던 그림이기도 하고, 현실적으로도 굉장히 좋아 보였다. 다만 익히 알고 있듯이, 결혼 역시 또 다른 생활의 문제를 만들어 낼 수 있다는 점에서 잘 선택해야 한다.

처음 사업을 하게 되면 필사적으로 돈을 벌고, 안정화 시키기 위해 노력해야 하겠지만, 결국 돈의 문제가 삶의 모든 문제를 다 해결해 줄 수는 없다. 특히 초창기에도 사업적인 문제를 함께 고민하고 소통할 수 있는 사람이 주변에 있어야 하는 것은 매우 중요한 일이다. 열심히 하되, 그로 인해 생기는 관계의 문제에 대해서도 지속적으로 고민할 때 결국 사업도 순항할 수 있다는 사실을 잊지 말자.

지금의 나를 만든 3권의 책,
그리고 그 속에 담긴 고민들

지난 3년간 사업을 하면서 '도움이 된 책'을 꼽으면 단연 아래 3권을 언급하지 않을 수 없다. 그런데 이 책들은 단지 나의 관심사라기보다는 보다 정확하게 '초보 사장의 고민'이 무엇인지를 알게 해준 지표라고도 할 수 있다. 고민이 있을 때마다 책을 펼쳐 들었고, 그 속에서 계속 해답을 구하는 경우가 많았기 때문이다. 따라서 이 책을 소개하는 것은 단순히 '추천도서'를 언급하는 것이 아니라, 앞으로 사업을 하면서 어떤 문제에 부딪힐지를 알려주는 내용이기도 하다. 일의 효율성을 알게 해준 《레버리지(롭 무어 지음)》, 사업의 본질에 대해 알려주는 《왜 사업하는가(이나모리 가즈오 지음)》, 상처받은 마음을 좀 더 견고하게 만들어 준 《미움받을 용기(기시미 이치로 외 지음)》라는 책이다.

처음 일을 시작할 때는 '즐겁게 하는 것이 무엇보다 중요하지!'라는 생각이 무척 강했다. 그렇지 않아도 버겁고 부담되는 사업을 하면서 마음까지 무거우면 일이 잘 되지 않을 것이라는 생각이 강했기 때문이다. 그래서 무엇보다 나의 개인적인 흥미에 맞춰서 일을 세팅하고, 그에 따라서 진행하려고 했었다. 그런데 시간이 흐르면서 점점 즐거운 마음과 개인적인 흥미가 전부가 아니라는 사실을 깨닫게 됐다. 일을 하는데 있어 무엇보다 성과가 있어야 하고, 일이 많아지면 많아질수록 그것에 대한 압박은 점점 더 심해졌다. 개인적으로 아무리 마인드 컨트롤을 해도 일의 양과 강도가 많아지면, 허약해지기 마련이었다. 결국 필요한 것은 물리적인 현실에서 구현될 수 있는 '일의 효율성'이었다. 같은 일도 어떻게 하면 빨리 끝낼 수 있는가, 그리고 어떻게 하면 비용을 최대한 줄이면서 효과를 올릴 수 있느냐가 매우 중요했다. 이때 많은 도움을 준 책이 바로 《레버리지》다. 이 책은 일을 하는 데 있어 사업자가 무엇을 어떻게 추구해야 하는지, 그리고 그 안에서 최대한의 효율성을 뽑아내기 위해서는 어떤 것을 해야 하는지를 매우 상세하게 알려주고 있다. 이 책은 초창기 최소한의 인원으로 샤론델을 최적화하는 데 적지 않은 도움이 됐다.

《왜 사업하는가?》는 첫째로 나의 생활을 이해하고 아버지를 공감할 수 있는 계기를 마련해 준 책이다. 과거에 아버지가 사업을 하시면서 종종 잠을 못 주무시는 모습을 보아왔다. 그때는 '사업은 사업이고, 잠은 잠이지'라는 생각을 했지만, 정작 지금 내가 사업에 대한 고민으로 잠 못 드는 밤을 보내고 있다. 아무리 작더라도 회사는 회사이기 때문에 미래에 대한 고민을 하지 않을 수 없고, 그런 점에서 '사업의 본질'을 알려 준 이 책은 내 고민의 방향점을 제대로 잡아주는 역할을 해주었다.

마지막으로 《미움받을 용기》는 워낙 많이 팔린 책이라 아마 많은 사람들이 읽어보았을 것이다. 나에게 이 책은 단순히 주변 지인들과의 관계에서 미움받을 용기를 준 것을 넘어 고객과의 관계를 다시 정립할 수 있는 계기를 마련해 주었다. 때로는 무척 단골이었던 고객이 어느 순간 '적군'이 되어 우리 회사를 공격하는 일도 있어서 상처를 받기도 했다. 그런 풍파를 견디게 해주고, 고객의 불만과 불평, 공격을 어떻게 대처해야 하는지를 알려주었다. 내가 추천한 이 3권의 책은 지극히 개인적인 삶의 경로에서 나에게 도움이 된 것일 뿐이다. 그러나 초보 사장이라면 충분히 도움이 될 만한 내용을 담고 있어 사업 전반에 많은 참고가 될 것이다.

원하지 않았던 꿈, 다가온 꿈, 앞으로 가야 할 꿈

최근에는 '아, 정말 내가 제대로 된 사업가가 되었구나'라는 사실을 자주 깨닫고 한다. 가장 대표적인 사례가 이제 사무실에 앉아 있는 시간이 그리 많지 않다는 점이다. 사람을 만나거나, 혹은 노트북을 들고 카페에 가서 사업을 위한 여러 가지 업무를 본다고 하더라도 이제 회사 일이 차질 없이 돌아간다. 어떻게 보면 '이제 더 이상 내가 손을 쓰지 않아도 잘 돌아가는 회사가 되었구나'라는 사실을 느낀다. 누군가는 이런 상황을 매우 좋은 것이라고 볼 수도 있다. 사장이 늘 사무실에 있어야만 돌아가는 회사라면, 아직 시스템이 제대로 만들어지지 않았고, 가야 할 길이 아직도 많이 남아 있기 때문이다. 또 어떤 이는 이런 모습을 보고 '그러니 이제 어느 정도 성공하지 않았느냐'라고 할 수도 있다. 하지만 사실 지금의 내 모습은 내가 꿈꾸던 것이 아니다. 한편으로는 '내가 이러고 싶어서 사업을 했던 건 아닌데…'라는 생각이 들면서 슬프기까지 하다. 그런데 애초에 정해진 꿈이라는 것도 결국 그 과정에서 변하기 마련이고, 그 변화의 과정에서 또 다른 감정을 느끼며 더 큰 꿈을 꾸는 것이 사업의 재미라고 할 수 있다.

"왜 투자를 받고 싶은 거죠?"

원래 내가 꿈꾸었던 것은 지금의 삶이 아니었다. 일단 아침에 일어나는 시간부터 달라져 있어야 한다. 지금처럼 새벽부터 일어나 출근을 준비하는 것이 아니라 매우 불규칙적이며 자유롭게 내가 일어나고 싶을 때 일어나야만 한다. 커피 향기에 상큼한 각성을 하면서 전날 들어온 주문을 간단히 확인하고 오전 시간을 마무리한다. 가볍게 브런치를 먹고 편안한 복장으로 재미있는 유튜브를 보면서 구슬도 끼우고, 제품을 만들다가 6시 이전에 당연히 택배를 넘긴 다음 여유 있게 '오늘 할 일은 끝!'이라고 외쳐야 한다. 그 이후부터의 시간은 내 마음대로다. 취미 생활도 하고, TV를 보며 깔깔거리며 맛있는 음식을 먹어야만 한다. 그렇게 하루를 마무리하고 자고 싶을 때 자는 게으르지만 재밌는 생활을 하고 싶었다. 단순하고 자유롭고 혼자인 삶. 이게 진짜 내가 꿈꾸었던 미래의 모습이었다. 그렇게 해서 한 달에 400~500만 원 정도만 벌 수 있다면 내 삶은 대만족이고, 그 누구도 부러울 것 없는 '해피 라이프'일 것이다. 그런데 그 개인적은 꿈은 온데간데없고 회사를 위해 인생의 전부를 쏟아부어야만 하는 삶이 되었다. 과거에는 하지 않았던 사업자금을 끌어올 생각을 하고, 더 많은 직원을 뽑기 위한 계획도 세우고 있다. 해외 진출에 대한 이야기도 생각보다 많이 접하게 되어 미국, 일본, 태국과 같은 해외 시장 진출도 욕심내고 있다. 그러고 보니 사람의 꿈도 계속해서 변한다는 사실을 새삼 느끼게 되는 요즘이다.

어린 시절 과학자가 되고 싶고, 대통령도 되고 싶고, 경찰

관을 꿈꾸는 어린이가 많지만, 어느덧 몸이 커지고 생각이 달라지면서 다른 꿈을 꾸게 된다. 마찬가지로 게으르고, 자유롭고, 혼자이고 싶었던 나의 꿈도 이제는 많이 달라졌다. 혼자이기보다는 직원들과 함께하는 생활이 너무 재미있고, 그들이 있어서 더 발전하고 있다는 생각이 든다. 최근 한 창업 관련 행사에 참여해 투자유치를 위한 PT를 하게 되었다. 어떤 심사위원이 나에게 "투자를 받으려는 이유가 무엇입니까?"라고 물었을 때, 잠시 그날 아침 사무실에서 나오던 내 모습을 떠올렸다. 며칠 전부터 투자유치를 위해 PT 발표를 해야 한다는 사실을 직원들에게 알려 놓았던 터라, 사무실에서 출발할 때 직원들이 말했다.

"사장님! 할 수 있어요. 파이팅!"
"사장님! 아자 아자! 힘내세요."

살면서 누군가로부터 '파이팅!'이라는 말, '힘내라!'는 말을 어디 한두 번 들어봤겠는가? 그런데 그날 아침 직원들의 한마디는 정말로 경기장에 나가는 선수를 응원해 주는 그런 든든함, 그리고 나에게 희망을 품고 있는 누군가가 있다는 사실을 새삼 느끼게 해주었다. '투자를 받으려는 이유'를 묻는 심사위원에게 나는 이렇게 대답했다.

"지금 함께 일하고 있는 친구들이 너무 좋아서, 그 친구들과 더 오랜 시간을 함께하고 싶고, 우리와 뜻이 맞는 더 많은 친구들과 일하기 위해서 돈이 필요합니다!"

진심이었다. 예전에는 혼자 먹고 살기만 해도 충분할 것 같았는데, 이제는 그것만으로는 부족해졌다. 좋은 사람들과 함께하는 삶이 나의 더 큰 꿈이 되었다. 그러다 보니 회사를 더 키워야 하고 돈이 필요해졌다. 거기다가 기왕 젊은 나이에 시작한 사업, 할 수 있는 데까지 밀어붙여 보자는 의지도 생겼다. 그렇게 나는 PT 발표를 성공적으로 마칠 수 있었고, 결국 투자도 받을 수 있었다. 사실 빚을 진다는 것은 정말 무서운 일이다. 지금도 빚이라면 무섭다. 하지만 사랑하는 사람을 위해서라면 목숨도 바친다더니, 오랜 시간을 함께해 준 사랑하는 직원들을 위해서, 그리고 앞으로 펼쳐질 내 꿈을 위해서라면 빚에 대한 두려움쯤이야.

시작은 가벼워도 잊지 않아야 할 질문

이제까지 스마트스토어에 대한 지난 3년간의 내 경험을 상당수 풀어놓았다. 물론 이 책에서 하지 못한 말도 분명히 있다. '지금 함께 카페에 앉아 있다면 더 많은 말을 해줄 수도 있을 텐데'라는 아쉬움도 남는다. 그러나 마지막으로 해주고 싶은 것은 '당신에게 사업이란 무엇인가?'를 반드시 짚고 넘어갔으면 하는 바람이다. 물론 나 역시 얼렁뚱땅 사업을 시작했고, 정신없이 진행됐고, 허겁지겁 한 달 한 달을 막아왔다. 그런데 그 모든 것들은 결국 나의 고민, 나의 고통, 나의 성장과 발전을 위한 질풍노도의 시간이었다. 물론 앞으로도 사업을 하는 한, 계속해서 그것이 무한 반복될 것이라는 사실을 알고 있다. 그리고 어쩌면 지금의 꿈이 또다시 어떤 식으로 바뀔지는 나 스스로도 모를 일이다.

중요한 점은 처음에는 '부업이나 해볼까? 용돈이나 벌어볼까?'라는 마음으로 시작할 수 있어도 그것만으로 멈출 일은 아니라는 것이다.

'나는 왜 사업을 통해 내 삶의 경로를 바꾸려고 하는 것일까?'

'앞으로 닥칠 그 고통과 즐거움과 희망은 나에게 어떤 의미로 다가올 것인가?'

'나는 왜 이것을 정말로 해야만 하는 것일까?'

처음부터 이런 부담스러운 질문을 할 필요는 없다고 본다. 하지만 아마도 사업이 진행될수록 반드시 스스로에게 해야 할 질문이기도 하다.

28살, 새파랗게 젊은 내가 해냈던 창업이었다면, 이 책을 읽는 독자 여러분도 충분히 해낼 수 있을 것이라고 믿는다.

퇴근 후 취미로 시작해 월 1억 매출 달성 비법

파워 셀러 시크릿 노트

1판 1쇄 인쇄 2022년 11월 23일
1판 1쇄 발행 2022년 12월 1일

지은이 김희연
발행인 김형준

편집 구진모
마케팅 김수정
디자인 섬세한 곰 김미성

발행처 체인지업북스
출판등록 2021년 1월 5일 제2021-000003호
주소 경기도 고양시 덕양구 삼송로 12, 805호
전화 02-6956-8977
팩스 02-6499-8977
이메일 change-up20@naver.com
홈페이지 www.changeuplibro.com

© 김희연, 2022

ISBN 979-11-91378-28-3 13320

체인지업북스는 내 삶을 변화시키는 책을 펴냅니다.